StudyHelp

StudyHelp

Geschichte Abiturvorbereitung

inkl. Klausuren und Lösungen

StudyHelp GmbH, Paderborn
WWW.STUDYHELP.DE

1. Auflage

Autoren: Dominik Rammert und Dr. Daniel Droste

Redaktion & Satz: Carlo Oberkönig
Kontakt: verlag@studyhelp.de
Umschlaggestaltung, Illustration: StudyHelp GmbH

ISBN 978-3-947-**50614**-9

Inhalt

1 Vorwort

Langsam und unaufhaltsam rücken sie immer näher: eure Abiturprüfungen. Als eines der Prüfungsfächer habt ihr Geschichte ausgewählt. Vielleicht, weil ihr schon lange Interesse an historischen Ereignissen, Persönlichkeiten und Zusammenhängen habt. Vielleicht aber auch, weil es sich nicht vermeiden ließ. Was auch immer der Grund für eure Wahl war – dieses Lernheft wird dabei helfen, euch optimal auf die Prüfung vorzubereiten.

Geschichte ist mehr als das bloße Auswendiglernen von Daten oder die Aneinanderreihung von Ereignissen. Natürlich ist auch dieses Faktenwissen wichtig, aber das, was in der Abiturprüfung abgefragt wird, geht weit darüber hinaus. Daher spielen in diesem Heft Daten und Ereignisse zwar auch eine Rolle, aber keine zentrale. Das StudyHelp Lernheft Geschichte ist kein Nachschlagewerk. Vielmehr geht es darum, euch mit Beispielen darauf vorzubereiten, was euch an Themen in den Prüfungsaufgaben erwartet, und die Fähigkeiten einzuüben, mit denen ihr diese Aufgaben lösen könnt. Das Heft zeigt euch, wie Abiturklausuren im Fach Geschichte aufgebaut sind, wie ihr sie richtig versteht und bearbeitet und welche Erwartungen eure Lehrer an euch haben. Außerdem gibt es euch einen Überblick über die wichtigsten Quellenarten, mit denen ihr in den Prüfungen arbeiten müsst, und erklärt euch ihre Unterschiede, Eigenheiten und Stolperfallen. Der Hauptteil des Heftes besteht aus Beispielklausuren und Lösungshilfen. Zwischendurch werden immer wieder Querverbindungen gezogen und Fakten rekapituliert. So erhaltet ihr eine Mischung aus Theorie und Praxis, die weder das eine vernachlässigt noch das andere überbetont.

Aber genug der einleitenden Worte, widmen wir uns den Basics - und diese sollen euch zeigen, dass Arbeiten mit Geschichte kein Hexenwerk ist, sondern wie jedes Handwerk erlernt werden und mit den richtigen Werkzeugen erfolgreich bewältigt werden kann. Gleiches gilt für Abiturprüfungen. Sie sind nach bestimmten Grundsätzen aufgebaut, und die Fragen der Lehrer orientieren sich an einheitlichen Vorgaben. Im folgenden Kapiteln stellen wir euch diese Muster vor.

Notizen

2 Ablauf der Abiturklausur im Fach Geschichte

2.1 Vorbereitung auf die Klausur

Bevor es allerdings überhaupt an die Bearbeitung der Abiturklausur geht, liegt erst einmal die Wiederholung des Unterrichtsstoffes vor euch. Hierzu solltet ihr bereits mehrere Wochen vor dem Termin eurer Abiturklausuren damit anfangen, euch den inhaltlich relevanten Stoff, den ihr über die gesamte Oberstufe hinweg bearbeitet habt, noch einmal anzusehen. Welche Themen für das Abitur relevant sind, wird euch euer Lehrer rechtzeitig mitteilen. Falls nicht, sprecht ihn unbedingt darauf an.

Was du beachten musst!

Ansonsten könnt ihr euch auch an den Themenblöcken orientieren, die ihr in diesem Heft unter den Kapiteln 6-9 findet. Aber Vorsicht! Die Themen unterscheiden sich von Bundesland zu Bundesland voneinander. Daher solltet ihr euch auf jeden Fall über diejenigen Themen, die in eurem Bundesland relevant sind, informieren. Gibt es in eurem Bundesland ein Zentralabitur, so findet ihr auf den Webseiten des zuständigen Ministeriums neben einem Kernlernplan auch sogenannte Fokussierungen, die die Inhalte, welche in den Abiturprüfungen abgefragt werden, näher beschreiben. Für Nordrhein-Westfalen sind es für den Abiturjahrgang Jahr 2019 beispielsweise folgende Inhaltsfelder[1]:

- Nationalismus, Nationalstaat und deutsche Identität im 19. und 20. Jahrhundert
- Die moderne Industriegesellschaft zwischen Fortschritt und Krise
- Die Zeit des Nationalsozialismus – Voraussetzungen, Herrschaftsstrukturen, Nachwirkungen und Deutungen
- Friedensschlüsse und Ordnungen des Friedens in der Moderne

Diese Inhaltsfelder sind wiederum in weitere Teilaspekte gegliedert, aus denen die Aufgaben für die Abiturprüfungen erarbeitet werden. Der Einfachheit halber orientiert sich dieses Lernheft am Kernlernplan des Landes NRW. Also nochmals: Informiert euch frühzeitig, welchen Stoff ihr lernen müsst, und welchen ihr vernachlässigen könnt. So könnt ihr eure Zeit effizient einsetzen.

Wie ihr sehen könnt, sind die Inhaltsfelder nicht einfach chronologisch geordnet, sondern können auf verschiedene Zeiträume angewandt werden, aus denen in der Klausur Quellen auftauchen

[1] Zitiert nach: Vorgaben Zentralabitur 2019 – Geschichte, https://www.standardsicherung.schulministerium.nrw.de/cms/zentralabitur-gost/faecher/getfile.php?file=4226, abgerufen am 20.12.2017.

können. Gemäß der Floskel „Geschichte ist nicht logisch, sondern chronologisch", ist es für den Lernprozess dennoch sinnvoll, euch einen zeitlichen Ablaufplan zu erstellen und diesen nach Themen zu ordnen. Hier ein grobes Beispiel:

1. Deutsches Kaiserreich und Imperialismus
2. Erster Weltkrieg
3. Weimarer Republik
4. Nationalsozialismus
5. Zweiter Weltkrieg
6. Nachkriegsordnung und Ost-West-Konflikt

Oftmals gelingt die Vorbereitung dabei besser, wenn ihr den Stoff nicht einfach noch einmal herunterlest, sondern selbst für euch strukturiert und zusammenfasst. Legt euch dazu eine Übersicht an. Notiert das Datum oder die Jahreszahl zu einem historischen Ereignis und beschreibt dann kurz, was passiert ist. Auch hier ein kurzes Beispiel:

1870-1871	Deutsch-Französischer Krieg	Krieg zwischen Frankreich und den deutschen Staaten unter Führung Preußens. Der Krieg endete mit der Niederlage Frankreichs und führte zur Gründung des Deutschen Kaiserreiches.
18.1.1871	Kaiserproklamation in Versailles	Ausrufung des preußischen Königs Wilhelm I. zum Deutschen Kaiser im Spiegelsaal von Versailles. Demütigung des französischen Kriegsgegners. Später als Gründungstag des Kaiserreiches gefeiert.

Seht euch dazu eure Unterlagen aus dem Unterricht an. Einige wichtige Daten findet ihr auch in diesem Heft. Informiert euch aber auch darüber hinaus über den historischen Kontext! Hierzu gibt es hilfreiche Sekundärliteratur, z. B. den dtv-Atlas Weltgeschichte. Außerdem solltet ihr euch Personen merken, die im Zusammenhang mit diesen Ereignissen stehen.

2.2 Aufbau von Abiturklausuren im Fach Geschichte

Ihr habt in der Oberstufe bereits gelernt, wie Geschichtsklausuren aufgebaut sind. Der Aufbau der Abiturklausuren unterscheidet sich in der Regel nicht großartig davon. Sie folgen einem bestimmten Muster und bestehen aus jeweils drei Aufgaben:

1. Analyse der Quelle
2. Einordnung der Quelle in ihren historischen Kontext
3. Beurteilung oder Bewertung der Quelle und Formulierung eigener Thesen.

Diese Aufgaben beziehen sich also immer auf eine **historische Quelle**, welche die Grundlage für die jeweilige Klausur darstellt. Bei Quellen kann es sich um zeitgenössische Texte (z. B. Reden),

Bilder oder Karikaturen handeln, aber auch um Sachtexte von Historikern, die sich zu einem späteren Zeitpunkt mit dem jeweiligen Thema befasst haben. Was es mit ihnen genau auf sich hat und wie sie sich unterscheiden, werden wir uns an späterer Stelle ansehen. Die Idee einer sogenannten **Quellenanalyse** ist es, diese Quellen in einen historischen Bezug zu setzen, um aus ihnen Erkenntnisse über ihre Entstehungszeit und über ihren Informationswert für die Gegenwart zu ziehen. Professionelle Historiker nutzen dazu die sogenannte „Historische Methode", also den Dreischritt von Heuristik, Kritik und Interpretation. Keine Angst, in der Abiturprüfung wird keiner von euch verlangen, diese Methode zu kennen oder zu beherrschen. Ihr werdet jedoch einzelne Elemente daraus in einer Art „Light-Variante" anwenden müssen. Auch hier gilt: keine Panik! Denn auch dazu gibt es später mehr Informationen.

Die Art der Quelle ist entscheidend für das weitere Vorgehen in der Klausur. Bevor ihr mit der Bearbeitung der Klausur beginnt, solltet ihr daher folgende Dinge unbedingt beachten:

Tipps:

1. Nehmt euch genügend Zeit, um euch die Aufgaben und die Quelle genau anzuschauen. Lest sie mindestens zweimal durch. Ihr müsst die Art der Quelle identifizieren und die Fragen der Klausur verstehen, um die Aufgaben richtig bearbeiten zu können. Jedes Detail ist wichtig!
2. Macht euch Notizen zu Begriffen, Text- oder Bildelementen, die euch wichtig erscheinen, an den Rand der Quelle!

Manchmal stehen auf dem Arbeitsblatt zur Klausur neben der Quelle und den Aufgaben noch weitere Informationen. Auch diese solltet ihr aufmerksam lesen, da sie für die Bearbeitung der Aufgaben wichtig sind.

2.3 Erlaubte Hilfsmittel und zeitlicher Ablauf

Eine Abiturklausur hat in der Regel eine Länge von **drei bis fünf Zeitstunden**. Diese Zeit ist reine Schreibzeit. Zur Auswahl des Klausurthemas bekommt ihr vorab bereits eine halbe Stunde Zeit. Ihr habt die Möglichkeit, euch ein **Wörterbuch zur deutschen Rechtschreibung** als Hilfsmittel mitzubringen. Das klingt erstmal unsinnig, kann aber sehr nützlich sein. In den Quellen tauchen nämlich häufig Begriffe auf, die heute nicht mehr geläufig sind oder eine andere Bedeutung tragen als früher. Im Wörterbuch findet ihr dann eine Erklärung und gegebenenfalls Synonyme.

Bringt euch außerdem **mehrere Stifte** (Kulis, Füller etc.) mit für den Fall, dass euch die Tinte ausgehen sollte. Auch **Textmarker** solltet ihr dabeihaben, damit ihr euch wichtige Wörter oder Passagen markieren könnt.

2.4 Auswahl und Bearbeitung des Klausurthemas

Vor Beginn der Schreibzeit erhaltet ihr eine halbe Stunde Zeit, euch ein Klausurthema auszusuchen. In den meisten Bundesländern ist es so, dass ihr 2-4 verschiedene Klausurvorschläge erhaltet. **Davon müsst ihr aber nur ein einziges auswählen und bearbeiten!** Die Wahl solltet ihr sehr sorgfältig treffen. Lasst euch dabei Zeit und lest euch alle Klausurvorschläge aufmerksam mehrmals durch. **Wählt ein Thema aus, das euch liegt und bei dem ihr euch sicher fühlt!** Das ist wichtig, denn ihr verliert wertvolle Zeit, wenn ihr euch während des Schreibprozesses für ein anderes Thema entscheidet, weil euch das ausgesuchte Thema doch nicht passt.

Möglicherweise gibt euch der Lehrer auch einen Tipp oder spricht euch eine Empfehlung für ein bestimmtes Thema aus, dass ihr im Unterricht vielleicht besonders ausführlich behandelt habt. **Wenn euch im Vorfeld etwas unklar ist, sprecht mit dem Lehrer!** Vielleicht kann er euch helfen.

Danach beginnt ihr mit der Bearbeitung der Aufgaben. Haltet euch je nach Form der Quelle(n) an die Methodik, die wir euch den Kapiteln 3 und 4 dieses Heftes erklären.

2.5 Operatoren

Operatoren

In den Klausuraufgaben – und auch in diesem Heft – werdet ihr auf eine Reihe von Begriffen stoßen, die euch auf den ersten Blick sehr vertraut erscheinen. Im Kontext der Abiturprüfungen haben sie aber ganz spezielle Bedeutungen, die von ihrer Nutzung in der Alltagssprache abweichen können. Dies sind die sogenannten Operatoren.

Da ihr die Abituraufgaben nur dann erfolgreich lösen könnt, wenn ihr versteht, was von euch verlangt wird, macht es Sinn, sich diese Operatoren einmal näher anzuschauen. Glücklicherweise ist das Schulministerium NRW so freundlich, auf seiner Homepage eine Übersicht der Operatoren bereitzustellen und sie aufzuschlüsseln[2]. Prägt euch die Definitionen gut ein, denn wenn ihr wisst, was mit einer speziellen Frage von euch verlangt wird, wisst ihr auch, was nicht von euch verlangt wird – und könnt damit Irrwege in der Argumentation und ein Verfehlen des Themas vermeiden.

Operator	**Definition**
erörtern	Eine These oder Problemstellung auf ihren Wert und ihre Stichhaltigkeit hin abwägend prüfen und auf dieser Grundlage eine eigene Stellungnahme dazu entwickeln. Die Erörterung einer historischen Darstellung setzt deren Analyse voraus.
interpretieren	Sinnzusammenhänge aus Quellen erschließen und eine begründete Stellungnahme abgeben, die auf einer Analyse, Erläuterung und Bewertung beruht.
analysieren	Formale Merkmale von Materialien untersuchen und Inhalt und Gedankengang von Materialien (Quellen, Darstellungen) wiedergeben bzw. Bildelemente (Karikaturen, historische Gemälde) beschreiben.

[2]Zitiert nach: Operatorenübersicht, https://www.standardsicherung.schulministerium.nrw.de/cms/zentralabitur-gost/faecher/getfile.php?file=3946, abgerufen am 13.2.2018.

Operator	Definition
begründen	Aussagen (z. B. Urteil, These, Wertung) durch Argumente stützen, die auf historischen Beispielen und anderen Belegen gründen.
beschreiben	Merkmale / Aspekte eines Sachverhaltes oder eines Materials detailliert darstellen.
beurteilen	Den Stellenwert historischer Sachverhalte in einem Zusammenhang bestimmen, um ohne persönlichen Wertebezug zu einem begründeten Sachurteil zu gelangen.
bewerten	Wie Operator „beurteilen", aber zusätzlich mit Offenlegen und Begründen eigener Wertmaßstäbe, die Pluralität einschließen und zu einem Werturteil führen, das auf den Wertvorstellungen des Grundgesetzes basiert.
charakterisieren	Historische Sachverhalte in ihren Eigenarten beschreiben und diese dann unter einem bestimmten Gesichtspunkt zusammenfassen.
einordnen	Einen oder mehrere historische Sachverhalte in einen historischen Zusammenhang stellen.
entwickeln	Auf der Grundlage erarbeiteter Ergebnisse zu einer eigenen Deutung gelangen; gewonnene Analyseergebnisse verwerten, um in einem vorgegebenen Textformat (z. B. Rede, Leserbrief, Diskussionsbeitrag) zu einer eigenen Deutung zu gelangen.
erläutern	Historische Sachverhalte durch Wissen und Einsichten in einen Zusammenhang einordnen und durch zusätzliche Informationen und Beispiele verdeutlichen.
herausarbeiten	Aus Materialien bestimmte historische Sachverhalte herausfinden, die nicht explizit genannt werden, und Zusammenhänge zwischen ihnen herstellen.
nennen	Informationen / Sachverhalte / Merkmale zielgerichtet unkommentiert zusammentragen.
Stellung nehmen	Eine Problemstellung / eine Bewertung / eine Position auf der Grundlage fachlicher Kenntnisse prüfen und nach sorgfältiger Abwägung eine Einschätzung formulieren.
untersuchen	Materialien oder historische Sachverhalte kriterienorientiert bzw. aspektgeleitet erschließen.
vergleichen	Auf der Grundlage von Kriterien historische Sachverhalte problembezogen gegenüberstellen, um Gemeinsamkeiten, Unterschiede, Teil-Identitäten, Ähnlichkeiten, Abweichungen oder Gegensätze darzustellen.
zusammenfassen	Sachverhalte / Aussagen komprimiert darstellen.

Wie bereits erwähnt basieren alle Klausuren auf historischen Quellen. Sie zu entschlüsseln und die gerade genannten Operatoren korrekt anzuwenden ist daher eure Aufgabe. Dazu ist es natürlich sinnvoll, zu verstehen, was Quellen überhaupt sind, und wie man sie bearbeiten kann.

3 Historische Quellen

3.1 Was sind Quellen?

Bevor wir damit beginnen, uns mit den einzelnen Quellengattungen auseinanderzusetzen, müsst ihr zunächst verstehen, was Quellen eigentlich sind. Grundsätzlich kann jeder beliebige Gegenstand zu einer historischen Quelle werden, egal ob es sich dabei um ein Buch, ein Bild, ein Kleidungsstück, eine Ton- oder Bildaufnahme oder ein Möbelstück handelt. Ein Historiker ist in der Lage, basierend auf einer spezifischen Fragestellung unter Anwendung der sogenannten „Historischen Methode" jeden Gegenstand in Bezug zur Vergangenheit zu setzen, somit zur Quelle zu machen und Informationen über sie herauszuarbeiten.

Was sind Quellen?

Generell wird zwischen zwei Typen von Quellen unterschieden. Zum einen gibt es die **Primärquellen**. Sie stammen aus der Zeit, über die sie inhaltlich berichten. Ihr Autor/Urheber war „live" an den historischen Ereignissen beteiligt oder konnte sie mitverfolgen. Daher beschreiben Primärquellen das Geschehen aus einer eng umgrenzten, durch die Zeitumstände und zeitgenössische Stellung des Urhebers bestimmten Perspektive heraus.

Beispiel für eine Primärquelle:

Eure Klausur hat das Thema Erster Weltkrieg und ihr sollt eine Rede von Kaiser Wilhelm II. analysieren. Kaiser Wilhelm II. lebte zur Zeit des Ersten Weltkriegs und war maßgeblich am Geschehen beteiligt.

Neben den Primärquellen gibt es noch die sogenannten **Sekundärquellen**. Hierbei kann es sich z. B. um wissenschaftliche Texte von Historikern handeln. Sekundärquellen werden mit zeitlichem Abstand zum Geschehen verfasst. Sie liegen oft als Text vor, und der Autor war in den meisten Fällen nicht persönlich am Geschehen beteiligt. Sekundärquellen beziehen sich auf Primärquellen. In Ihnen wird das Geschehen rekapituliert, reflektiert, beurteilt und kritisch hinterfragt.

Beispiel für eine Sekundärquelle:

Eure Klausur hat das Thema Erster Weltkrieg und ihr sollt Texte von Fritz Fischer sowie Christopher Clark zu den Kriegsursachen vergleichend analysieren. Beide sind Historiker und haben zu unterschiedlichen Zeiten zu diesem Thema geforscht und veröffentlicht. Dabei sind beide zu sehr unterschiedlichen Ergebnissen gekommen.

Primärquellen erscheinen auf den ersten Blick sehr authentisch. Durch den eng begrenzten Blickwinkel ihres Urhebers sagen sie aber oft genau so viel (oder wenig) über diesen selbst aus wie über das Geschehen, über das sie berichten. Aber auch Sekundärquellen haben keinen natürlichen Anspruch auf Objektivität, da der Autor das Geschehen ebenfalls aus seiner eigenen Position heraus bewertet. Beide Quellenarten müssen daher kritisch hinterfragt und analysiert werden. Merkt euch: Quellen erzählen Geschichte, aber sie sind es selbst nicht. Sie müssen interpretiert werden.

In den Abiturklausuren könnt ihr mit beiden Quellenarten konfrontiert werden. Dabei werdet ihr es in der Regel mit Text- und Bildquellen zu tun bekommen, weshalb wir uns in den folgenden Kapiteln auch nur mit diesen Quellengattungen beschäftigen werden.

3.2 Quellengattungen und ihre Unterschiede

3.2.1 Textquellen

Reden

Textquellen

Eine häufige Form der Textquelle in Abiturprüfungen im Fach Geschichte ist die Rede. Kennzeichnend für Reden ist, dass sie im Regelfall dem Zielpublikum zunächst mündlich vorgetragen werden. Oft werden sie jedoch auch verschriftlicht, um beispielsweise publiziert zu werden und eine größere Reichweite zu entfalten. Anders als Texte oder bildliche Kunstwerke muss eine Rede nicht zwangsläufig einen Titel tragen.

Für eine Analyse und Einordnung spielen neben dem Redner auch die Adressaten der Rede eine wichtige Rolle. Daher gilt es zunächst zu unterscheiden, ob sie öffentlich oder unter Ausschluss der Öffentlichkeit gehalten wurde. Bei den meisten Reden, die ihr im Geschichtsunterricht und in den Klausuren behandeln müsst, handelt es sich aber um öffentliche Reden. Es gibt drei unterschiedliche Typen von Reden: Zweckreden, Gelegenheitsreden und Informationsreden.

- **Zweckreden** werden häufig in politischen oder wirtschaftlichen Kreisen genutzt. Wie der Name schon sagt, dienen sie einem bestimmten Zweck. Mit ihnen möchte der Redner seine Zuhörer

  - argumentativ von etwas überzeugen,
  - begeistern oder ihre Motivation fördern,
  - zu bestimmten Handlungen oder Verhaltensweisen auffordern.

- **Gelegenheitsreden** werden meistens zu privaten Anlässen wie Geburtstagen, Trauungen oder Jubiläen gehalten. Auch in diesem Fall möchte der Redner etwas Bestimmtes erreichen, z. B.

  - an ein oder mehrere bestimmte Ereignisse erinnern,
  - die Gäste unterhalten und zur positiven Stimmung beitragen,
  - den Gästen Anreize für Gesprächsstoff und Kommunikation bieten.

Gelegenheitsreden unterscheiden sich dadurch von Zweckreden, dass sie meistens zu einem positiven oder persönlichen Anlass gehalten werden. Das Publikum soll nicht argumentativ beeinflusst, sondern unterhalten oder an etwas erinnert werden.

Informationsreden haben fast immer einen wirtschaftlichen oder wissenschaftlichen Hintergrund. Die Inhalte variieren dabei stark, so geht es z. B. um inner- und außerbetriebliche Themen, Produktinformationen, neue wissenschaftliche Erkenntnisse oder Finanzangelegenheiten. Das Publikum besteht häufig aus den Mitarbeitern eines Betriebs oder Wissenschaftlern bestimmter Fachgebiete. Diese Form der Rede soll

- über Produkte, Pläne, etc. informieren,
- die Mitarbeiter/Zuhörer für ein neues Thema sensibilisieren,
- den Wissensstand der Zuhörerschaft erweitern.

Wie bereits erwähnt sind für Abiturprüfungen besonders Zweckreden mit einem politischen Hintergrund relevant. Diese Reden werden meistens in der Öffentlichkeit gehalten und mit Hilfe der Medien verbreitet, damit möglichst viele Leute sie sehen oder hören können. Eine Rede gliedert sich grob in Einleitung, Hauptteil und Schluss. In der Einleitung begrüßt der Redner seine Zuhörerschaft, stellt kurz das Thema vor und versucht, dieses für sein Publikum interessant zu machen. Im Hauptteil nennt der Redner dem Publikum seine Ziele. Die Wichtigkeit der Ziele steigert sich dabei, der Redner beginnt also mit dem unwichtigsten Punkt und endet mit dem wichtigsten. So will er einen Zusammenhang zwischen den verschiedenen Zielen herstellen und sein Publikum von diesen überzeugen. Mit folgenden Fragen könnt ihr die Redestruktur untersuchen:

1. **Welche rhetorischen Mittel benutzt der Redner?**
2. **Welche Argumentationsstrategie verfolgt der Redner?**
3. **Welche Argumenttypen werden benutzt?**

In Kapitel 4.2.2 haben wir einige Argumentationsstrategien, Argumenttypen und rhetorische Mittel aufgeführt, mit denen ihr die obigen Fragen beantworten könnt. Zum Schluss einer Rede werden die im Hauptteil erarbeiteten Ziele und Erkenntnisse meist noch einmal zusammengefasst. Achtet auch hier besonders darauf, wie der Redner diese argumentativ und rhetorisch präsentiert!

Briefe

Ein Brief ist eine Textform, die weniger häufig in Quellenanalysen vorkommt als Reden. Es wird zwischen privaten und offenen Briefen unterschieden. Ein privater Brief hat einen Verfasser und einen oder mehrere Adressaten. Beim Adressaten kann es sich sowohl um Personen als auch um Institutionen handeln. Der Inhalt ist im Regelfall nur für Verfasser und Adressat bestimmt.

Offene Briefe hingegen werden in Zeitungen und Zeitschriften gedruckt und medial veröffentlicht, sind also potentiell für viele Menschen sichtbar. Sie werden nur in manchen Fällen auch direkt an den Empfänger geschickt. Der Verfasser eines offenen Briefes versucht, den Adressaten, der häufig eine in der Öffentlichkeit stehende Person oder Institution ist, mit möglichen Missständen, Verfehlungen oder ähnlichem zu konfrontieren. Häufig ist damit auch die Aufforderung verbunden, Fehler zu korrigieren und Besserung zu versprechen.

Ein Brief beginnt mit einem persönlichen Anschreiben. Es folgt die Formulierung des Anliegens. Dieser Teil ist individuell und hängt vom jeweiligen Anlass ab. Der Empfänger kann den Adressaten um etwas bitten, ihn zu etwas auffordern oder ihn über etwas informieren. Briefe werden in der Regel mit der Angabe von Datum und Ort, einer persönlichen Unterschrift und in manchen Fällen auch mit Stempeln oder Siegeln versehen.

Zeitungsartikel

Zeitungsartikel sind eine weitere gängige Textquellen, die ihr in einer Abiturprüfung erwarten könnt. Sie haben die Eigenart, dass sie einen **Titel** tragen, gegebenenfalls auch einen **Untertitel**. Titel und Untertitel enthalten bereits Hinweise auf das Thema des Artikels und können andeuten, welche Position der Autor gegenüber dem Thema einnimmt. Autoren von Zeitungsartikeln sind normalerweise bei der jeweiligen Zeitung angestellte Journalisten, manchmal aber auch Gastschreiber. Die Themen von Zeitungsartikeln sind breit gefächert, im Regelfall konfrontieren euch Abiturprüfungen aber mit Beiträgen aus den Bereichen Politik, Wirtschaft oder Kultur.

In erster Linie informiert ein Zeitungsartikel die Leser über ein bestimmtes Thema. Der Autor berichtet objektiv über ein bestimmtes Ereignis oder einen Sachverhalt. Die informierende Komponente ist in nahezu jedem Zeitungsartikel enthalten. Manchmal kommt es auch vor, dass ein Autor sich zudem kommentierend mit einem Thema auseinandersetzt. Er berichtet also nicht bloß sachlich, sondern subjektiv, indem er seine eigene Position/Meinung zum Thema mit einfließen lässt und den jeweiligen Sachverhalt beurteilt. Hierbei ist zu erwähnen, dass eine der Kernregeln des Journalismus lautet, dass Nachricht und Meinung immer deutlich erkennbar voneinander getrennt werden müssen. Achtet also bei eurer Analyse darauf, ob dies eingehalten wird.

Die Form eines Zeitungsartikels ist sehr flexibel. Aufbau und Länge variieren von Artikel zu Artikel. Nach Titel und Untertitel leitet der Autor kurz ins Thema ein und berichtet dann ausführlich über den Sachverhalt. Manchmal werden dem Artikel Bilder und Tabellen mit Zahlen, Daten und Fakten als zusätzliche Informationsquellen beigefügt. Auch diese können zum besseren Verständnis des Artikels und des Themas im Allgemeinen beitragen.

Flugblätter

Eine gern für Abiturprüfungen gewählte Textform ist auch das Flugblatt. Flugblätter gibt es bereits seit dem Spätmittelalter. Auch wenn ihr Einsatz und ihre Funktion sich im Laufe der Jahrhunderte gewandelt haben und sie heute hauptsächlich im Werbebereich eingesetzt werden, dienten sie früher vorwiegend dazu, auf politische, religiöse oder wirtschaftliche Missstände aufmerksam zu machen. Oft war dies mit einem Aufruf an die Bevölkerung verbunden, sich in einer bestimmten Art und Weise zu verhalten oder gegen bestimmte Entwicklungen zu wehren. Während des Zweiten Weltkriegs nutzten z. B. alle Kriegsparteien, aber auch Widerstandsgruppen wie die Weiße Rose, Flugblätter.

Sachtexte mit historischem Bezug (Sekundärquellen)

Auf Sekundärquellen sind wir bereits in Kapitel 3.1 eingegangen. Ein Sachtext mit historischem Bezug stammt in der Regel aus der Gegenwart oder der näheren Vergangenheit. Er unterscheidet sich von Augenzeugenberichten und anderen Primärquellen, weil er sich rückblickend mit einem historischen Sachverhalt auseinandersetzt. Geschrieben werden solche Sachtexte in der Regel von Journalisten oder Wissenschaftlern, im Falle des Fachs Geschichte natürlich von Historikern.

Ein Augenzeuge schildert nur den Verlauf des Ereignisses an sich und blickt nicht darüber hinaus. Der Historiker hingegen kann ein Ereignis in seinen historischen Kontext einordnen, d. h. Bezüge zu anderen Ereignissen herstellen und so Querverbindungen und eine chronologische Entwicklung erkennen. Er stellt sich z. B. folgende Fragen:

1. **Wie ist das Ereignis abgelaufen?**
2. **Welche Akteure waren beteiligt?**
3. **Welche vorangegangenen Ereignisse haben zu diesem Ereignis geführt?**
4. **Welche Folgen oder Auswirkungen hatte das Ereignis?**
5. **Sind diese Auswirkungen auch in der Gegenwart noch zu spüren?**

Wie ihr anhand der Fragen erkennen könnt, arbeitet ein Historiker mit ähnlichen Methoden, wie ihr sie in diesem Heft noch in der Quellenanalyse kennenlernen werdet. Aber auch Historiker sind nur Menschen, und ihre Meinungen, Urteile, Einschätzungen, Bewertungen und Erkenntnisse können fehlerhaft sein. Deswegen solltet ihr, falls ihr in der Klausur einen Sachtext bearbeitet, auch diesem kritisch gegenüberstehen und die Aussagen des Historikers hinterfragen.

Tipp:

Vergleicht den historischen Kontext mit den Aussagen des Historikers und arbeitet Gemeinsamkeiten und Unterschiede heraus! Kommt euch eine Aussage des Historikers unlogisch oder unsachlich vor, schreibt es auf jeden Fall in eurer Bewertung in der dritten Aufgabe hinein. Vielleicht kennt ihr auch Aussagen anderer Historiker zu dem Thema, die ihr zusätzlich mit einbringen könnt.

3.2.2 Bildquellen

Portraits und Gemälde

Historische Portraits und Gemälde sind für die Geschichtswissenschaft als Bildquellen interessant. Portraits waren über Jahrhunderte hinweg die bevorzugte Darstellungsform von Adeligen, Geistlichen und dem Bürgertum. Sie wurden erst im 19. Jahrhundert mit dem Aufkommen der Fotografie langsam verdrängt. Kunst und Malerei zählten zum angesehenen Handwerk, und Bilder kosteten viel Geld. Bei vielen Werken handelt es sich daher um Auftragsarbeiten, die sich nur wohlhabende Menschen leisten konnten. Ein Portrait erzählt uns viel über:

Bildquellen

1. **den Künstler, der es gemalt hat,**
2. **die darauf dargestellte Person,**
3. **den Auftraggeber und seine Intention/Absicht,**
4. **den Malstil der historischen Epoche, in der es entstanden ist,**
5. **die gesellschaftlichen Konventionen der historischen Epoche.**

Der Künstler lässt sich meist durch einen individuellen Malstil identifizieren. Außerdem hinterlässt er häufig eine Signatur am unteren Bildrand, die ihn als Urheber des Werkes kennzeichnet. Die dargestellte Person könnt ihr oft an ihrem Äußeren (Gestik, Mimik, Kleidung) erkennen. Manchmal trägt das Portrait auch einen Titel, der im Zusammenhang mit der Person steht. Der Auftraggeber ist häufig identisch mit der dargestellten Person oder stammt aus ihrem näheren sozialen Umfeld. Der Malstil verweist nicht nur auf den Künstler, sondern auch auf Konventionen und Techniken, die in bestimmten historischen Epochen besonders genutzt wurden. Hinweise auf die gesellschaftlichen

Konventionen der Zeit könnt ihr anhand der Darstellungsweise und des Aussehens der dargestellten Person erhalten. Achtet besonders auf Kleidung und andere Gegenstände oder Symbole.

Ähnlich wie mit den Portraits verhält es sich mit historischen Gemälden. Auch sie sind meist Auftragswerke, die nach den jeweiligen Vorstellungen ihrer Auftraggeber konzipiert werden und eine klare Intention enthalten. Dargestellt werden bedeutende historische Ereignisse, z. B. militärische Erfolge oder Krönungen. Der entscheidende Unterschied zum Portrait ist, dass im Zentrum des Bildes nicht zwingend eine Person stehen muss. Es können auch ganze Personengruppen, Gebäude oder Landschaften zu sehen sein. Wichtig ist auch die Perspektive, aus der das Ereignis dargestellt wird.

Beispiel:

Bei militärischen Konflikten wird das Geschehen meistens aus der Perspektive der Siegerseite gezeigt. Die Intention des Gemäldes wäre in diesem Fall eine symbolische Überhöhung des Sieges, z. B. um das Nationalgefühl zu stärken, zum weiteren Kampf zu mobilisieren oder eine Herrscherposition zu festigen.

Karikaturen

Der Begriff *Karikatur* lässt sich von dem lateinischen Wort *'caricare'* ableiten, was auf Deutsch so viel wie 'überladen' bedeutet. Der Begriff ist hier jedoch im Sinne von „überzeichnet" zu verstehen. Karikaturen sind demnach Zeichnungen, die meistens recht einfach gehalten sind, und die zeitgenössischen Personen, Sachverhalte oder Ereignisse abbilden. Diese Dinge werden dabei nicht realitätsgetreu, sondern verzerrt und überzogen dargestellt. In ihrem Kern bleiben sie aber für den Betrachter erkennbar. Häufig nutzen die Zeichner auch bildliche Metaphern. Oft werden Karikaturen in satirischen Zeitschriften veröffentlicht. Der Karikaturist möchte mit ihnen z. B. auf für ihn relevante gesellschaftliche Missstände oder Verfehlungen von Personen aufmerksam machen und Kritik üben. Karikaturen nehmen also eine bestimmte Position ein und enthalten somit immer eine Wertung, welche auch ihrem Betrachter vermittelt werden soll.

Auch bei Karikaturen lassen sich die sieben W-Fragen anwenden. Besonders wichtig ist es aber, dass ihr:

1. **den Sachverhalt erkennt, auf den sich die Karikatur bezieht.**
2. **die verwendeten Symbole und Metaphern, die verwendet werden, erkennt und einordnen könnt.**
3. **feststellt, welche Position/Meinung der Zeichner zum Geschehen einnimmt und welche Absicht er mit seiner Darstellung verfolgt.**
4. **feststellt, ob und inwiefern die Darstellung dem realen Sachverhalt entspricht oder nicht.**

Wahlplakate

Wahlplakate sind für Abiturprüfungen vor allem ab der Zeit der Weimarer Republik interessant. Zwar gab es bereits im Kaiserreich ein Parteiensystem, die Mitglieder des Parlaments hatten jedoch nur wenig Einfluss auf die Regierung. Dies änderte sich nach der Abschaffung der Monarchie und der Etablierung der Republik infolge der Novemberrevolution 1918. Zur Zeit der Weimarer Republik lässt sich ein erhöhtes Aufkommen von Wahlplakaten feststellen. Das hatte zwei Gründe:

> 1. **Die Parteien hatten jetzt die Möglichkeit, deutlich größeren Einfluss auf die Politik auszuüben, und vieles hing von ihren Wahlerfolgen ab.**
>
> 2. **Die Verfassung der Weimarer Republik erlaubte es in Artikel 25 dem Reichspräsidenten, das Parlament aufzulösen und Neuwahlen anzuset[…] sen der Instabilität und ein zersplittertes Parteiensystem […] 1920 und 1933 häufig Gebrauch gemacht. Daher kam es […] Wahlen.**

Daran lässt sich ableiten, warum Wahlplakate für diese Zeit so enorm […] Kommunikationsmedium, mit dem die deutsche Bevölkerung auf die […] Meinungen der Parteien aufmerksam gemacht werden sollte.

Was unterscheidet nun Wahlplakate von Karikaturen? Karikaturen sind zeichnerisch in den meisten Fällen schlicht gehalten und arbeiten einen Sachverhalt satirisch und kritisch auf. Wahlplakate haben sowohl auf der gestalterischen als auch auf der inhaltlichen Ebene deutlich vielfältigere Möglichkeiten. Sie zeichnen sich vor allem durch die folgenden Merkmale aus:

> 1. **klare und deutliche Bildaussagen und Symbole ,**
> 2. **kurze und einfach verständliche Slogans, die den Inhalt des Plakates bekräftigen,**
> 3. **auffällige Farbgebung (Signalwirkung),**
> 4. **Auseinandersetzung mit dem politischen Gegner,**
> 5. **Möglichkeiten der Identifikation für den potenziellen Wähler.**

Liegt euch in der Klausur ein Wahlplakat vor, müsst ihr euch auch dieses sehr gründlich anschauen. Genau wie bei Bildern und Karikaturen ist auch hier jedes einzelne Bildelement von Bedeutung, da ihr auch in diesem Fall nur über wenige textliche Informationen verfügt. Zuerst solltet ihr euch notieren, welchen Eindruck das Wahlplakat beim ersten Ansehen bei euch hinterlässt. Im Anschluss daran solltet ihr das Plakat im Hinblick auf die sieben W-Fragen untersuchen.

Nachdem wir nun die wichtigsten historischen Quellen kennengelernt haben, soll es im nächsten Kapitel darum gehen, wie diese in einer Abiturprüfung bearbeitet werden müssen.

4 Die sieben W-Fragen

4.1 Historische Methode light

Wie bereits in Kapitel 2.2 erwähnt sind Abiturklausuren im Fach Geschichte immer nach einem ähnlichen Schema aufgebaut und bestehen aus drei Teilen. Diese werden wir uns im folgenden Kapitel genauer ansehen. Auch hier gilt: Geschichte ist kein Hexenwerk. Wer die Werkzeuge beherrscht, wird mit den Aufgaben keine Probleme haben.

Wie eingangs erwähnt müsst ihr zur Lösung der Prüfung vereinfachte Elemente dessen anwenden, was Geschichtswissenschaftler als „Historische Methode" bezeichnen. Deren ersten Bestandteil, die sogenannte Heuristik, also das Aufspüren einer Quelle, könnt ihr getrost ignorieren, da eure Lehrer euch die Quellen vorgeben. Der zweite Bestandteil, die Quellenkritik, ist schon relevanter, dass ihr die von den Lehrern vorgegebenen Quellen zwar nicht auf ihre Echtheit überprüfen müsst (äußere Quellenkritik), mit Hilfe der sogenannten W-Fragen aber eine innere Quellenkritik durchführt. Am nächsten kommt ihr der echten Historischen Methode schließlich mit der Quelleninterpretation und Bewertung. Hier ordnet ihr den Inhalt der Quelle in den historischen Kontext ein, vergleicht sie, sagt etwas über ihre Sprache, wendet Methoden und Theorien an oder bezieht sie auf eine Fragestellungen zurück. Daher wollen wir das Vorgehen für unsere Zwecke einfach „Historische Methode light" nennen und uns damit den drei Teilen der Prüfung stellen.

4.2 Analysieren der Quelle

4.2.1 Allgemeines

In der ersten Aufgabe der Klausur wird von euch gefordert, dass ihr die vorliegende Quelle analysiert. Hier taucht also der erste der ominösen Operatoren auf, die wir bereits in Kapitel 2.5 kennengelernt haben. Erinnert euch zurück: Operatoren wirken auf den ersten Blick vertraut, in der Abiturprüfung haben diese Begriffe aber ganz spezielle Bedeutungen, die von ihrer Nutzung in der Alltagssprache abweichen können.

Wiederholen wir noch einmal, was euer Lehrer eigentlich von euch wissen möchte. Analysieren bedeutet in diesem Zusammenhang also:

> **Formale Merkmale von Materialien untersuchen und Inhalt und Gedankengang von Materialien (Quellen, Darstellungen) wiedergeben bzw. Bildelemente (Karikaturen, historische Gemälde) beschreiben.**

Um diesen ersten Teil bewältigen und Informationen rund um die Quelle bestimmen zu können benötigt ihr kein spezifisches historisches Vorwissen. Viele Dinge könnt ihr euch aus der Quelle selbst oder aus den zusätzlichen Angaben auf eurem Aufgabenzettel erschließen.

Zunächst müsst ihr die Art der Quelle bestimmen. Dies ist kein Problem, denn die für Abiturprüfungen relevanten Quellengattungen haben wir ja bereits in Kapitel 3.2 kennengelernt. Danach widmet ihr euch den Formalia. Dazu gibt es einen Katalog mit W-Fragen, die ihr anhand der Quelle und der beigefügten Informationen beantworten müsst:

Die sieben W-Fragen:

1. ***Wer*** **ist der Autor/Urheber der Quelle?**
2. **Um** ***was*** **für eine Quelle handelt es sich (Form und Thema)?**
3. ***Wann*** **wurde die Quelle veröffentlicht?**
4. ***Wo*** **ist die Quelle entstanden?**
5. ***Warum*** **wurde die Quelle veröffentlicht?**
6. ***Wie*** **oder unter welchen Umständen ist das geschehen?**
7. ***Wozu*** **(zu welchem Zweck) ist das geschehen?**

Lernt die W-Fragen am besten auswendig, denn so könnt ihr euch in der Klausur schnell und leicht einige Punkte sichern. Im Anschluss daran muss die Quelle inhaltlich erfasst werden.

4.2.2 Analyse von Textquellen

Textquellen-analyse

Besonders der erste Teil der Quellenanalyse ist abhängig von der Form der Quelle und muss, je nachdem was für eine Quelle euch vorliegt, auf unterschiedliche Weise bearbeitet werden. Wenn euch in der Klausur eine Textquelle, also z. B. ein Brief oder eine Rede, vorliegt, lest euch den Text zwei- bis dreimal gründlich durch, bevor ihr mit der Bearbeitung der Aufgaben beginnt. Das ist wichtig, um den Inhalt der Quelle verstehen zu können. Auch die Aufgabestellung solltet ihr sehr sorgfältig lesen, da Missverständnisse zu Fehlern bei der Bearbeitung führen. Hier noch ein paar kurze Tipps zur Vorbereitung:

1. **Macht euch Notizen zu Begriffen, die ihr nicht versteht oder die euch wichtig erscheinen, an den Rand des Textes!**
2. **Markiert die zentralen Passagen und Thesen des Textes farblich!**
3. **Sucht im Text nach auffälligen Formulierungen und häufig verwendeten rhetorischen Mitteln!**
4. **Teilt den Text in Sinnabschnitte ein, da ihr so seine Struktur erkennen und nachvollziehen könnt!**

Häufig auftauchende Begriffe können wichtig für das Verständnis des Textes sein und stehen oft in Verbindung mit den Thesen und Argumenten des Autors. Beim Markieren von Textpassagen solltet ihr der Faustregel **„So viel wie nötig, so wenig wie möglich"** folgen. Zu viele Markierungen sorgen nicht nur für Chaos, sondern laufen auch dem Zweck des Markierens zuwider.

Rhetorische Mittel und auffällige Formulierungen bekräftigen meistens die Argumentationsstruktur des Autors. Durch sie könnt ihr Erkenntnisse über seine Absichten gewinnen. Eine Einteilung in Sinnabschnitte ist besonders für das Verständnis und die Inhaltsangabe eines Textes wichtig. Da euch in diesem Fall eine Textquelle vorliegt, müsst ihr zunächst herausfinden, ob es sich um eine Primär- oder eine Sekundärquelle handelt, um danach ihre literarische Form zu bestimmen.

Im ersten Arbeitsschritt der Analyse benötigt ihr also die oben genannten **W-Fragen**. Dann folgt der zweite Arbeitsschritt – die Inhaltsangabe. Dazu ist es hilfreich, wenn ihr die Quelle vor der Bearbeitung der Aufgaben in Sinnabschnitte eingeteilt habt. Diese Sinnabschnitte legt ihr fest, indem ihr den Text inhaltlich unterteilt. Folgendes solltet ihr dabei beachten:

Einteilung des Textes in Sinnabschnitte:

1. **Lest euch den Text aufmerksam durch und achtet auf Themenwechsel und auf neu angesprochene Aspekte!**
2. **Die Struktur des Textes kann Hinweise auf thematische Wechsel geben. Achtet daher verstärkt auf Absätze. Aber Vorsicht, denn das ist aber nicht immer der Fall!**
3. **Legt nicht zu wenige oder zu viele Sinnabschnitte fest.**
   ***Faustregel*: Vier bis sechs Abschnitte bei einem ein- bis zweiseitigen Text!**

Nachdem ihr den Text in Sinnabschnitte eingeteilt habt, schreibt ihr in chronologischer Reihenfolge eine kurze Inhaltsangabe von ein bis drei Sätzen zu jedem der Abschnitte. Gebt dabei auch die Textzeilen, die den jeweiligen Sinnabschnitt umfassen, mit an!

Die Analyse der Quelle umfasst bei Textquellen auch, dass ihr die Struktur des Textes untersucht. Das bedeutet, ihr müsst das Argumentationsmuster und den Sprachstil des Textes genau unter die Lupe nehmen. An dieser Stelle habt ihr den Vorteil, dass ihr den Text bereits bei der Vorarbeit auf rhetorische Mittel, Schlüsselbegriffe und auffällige Formulierungen hin untersucht habt. Ihr müsst die Argumentation und die Sichtweise des Autors verstehen und herausfinden, welche Absichten bzw. Zwecke er verfolgt.

Es gibt verschiedene Typen von Argumenten, die ein Autor nutzen kann, um seine eigene Position oder Meinung zum Geschehen zu verdeutlichen. Einige dieser Argumente kennt ihr bestimmt schon aus dem Deutschunterricht. Die wichtigsten **Argumenttypen** haben wir in der folgenden Tabelle für euch zusammengestellt:

Argumenttyp	**Erklärung**
Faktenargument	Der Autor stützt seine These, indem er auf nachvollziehbare und belegbare Tatsachen verweist.
Normatives Argument	Der Autor beruft sich auf ein allgemein akzeptiertes gesellschaftliches Normen- und Wertesystem.
Indirektes Argument	Der Autor erläutert die Gegenposition zu seiner These, um deren Nachteile und Mängel aufzuzeigen. Dadurch stärkt er seine eigene Position.
Autoritätsargument	Der Autor beruft sich auf eine höhergestellte Person oder Institution, um die eigene These zu bekräftigen.
Analogisierendes Argument	Der Autor nennt ein Beispiel aus einem anderen Bereich und wendet dieses auf seine eigene These an.
Plausibilitätsargument	Der Autor stützt seine These dadurch, dass sie für den Empfänger besonders nachvollziehbar erscheint.

Argumenttyp	Erklärung
Scheinargument	Der Autor stützt seine These mit Argumenten, die keine innere Logik besitzen, z. B. persönliche Angriffe, Totschlagargumente, Drohungen oder Scheinrationalität.

Ihr müsst in einer Quellenanalyse nicht genauso detailliert vorgehen, wie ihr es in einer Analyse im Fach Deutsch tun würdet. Die Fachbegriffe für die verschiedenen Argumenttypen müsst ihr nicht unbedingt auswendig können. Es reicht, wenn ihr das grundlegende Argumentationsmuster des Autors versteht und beschreiben könnt, wie er vorgeht.

Tipp:

Argumentationsmuster unterscheiden sich häufig, abhängig von der Form der jeweiligen Quelle. Der Autor einer Rede verfolgt andere Absichten als der Autor eines Tagebucheintrages oder eines Zeitungsartikels.

Neben Argumentationsmustern müsst ihr euch auch mit dem in der Quelle verwendeten Sprachstil auseinandersetzen. Auch auffällige Formulierungen und Schlüsselbegriffe helfen dabei, die Absichten des Verfassers aufzudecken. Es gilt: Je häufiger ein bestimmter Begriff verwendet wird, desto wichtiger ist er einerseits für den Autor und andererseits für das Verständnis und den Inhalt der Quelle.

Möglicherweise hat der Verfasser auch rhetorische Mittel verwendet, um bestimmte Teile des Textes besonders hervorzuheben. Viele dieser Stilmittel kennt ihr bestimmt ebenfalls bereits aus dem Deutschunterricht. Wir haben euch auch hier eine Tabelle mit den wichtigsten zusammengestellt:

Stilmittel	Erklärung	Beispiel
Metapher	Unter Wegfall eines Vergleichspartikels wird durch den Einsatz von Bildern ein Wort aus seinem ursprünglichen Bedeutungszusammenhang in einen anderen übertragen.	„Fuß des Berges."
Alliteration	Zwei oder mehrere aufeinander folgende Wörter beginnen mit dem Anlaut.	„Veni vidi vici.“
Anapher	Zwei oder mehrere aufeinander folgende Sätze, Teilsätze oder Absätze beginnen mit einem oder mehreren gleichen Wörtern.	„Ich lese gerne Bücher. Ich lese gerne Zeitung."
Klimax	Eine Aussage wird dadurch gesteigert, dass stufenartig immer bedeutsame Begriffe hintereinander genannt werden.	„Heute back' ich, morgen brau' ich, übermorgen hol' ich der Königin ihr Kind."
Hyperbel	Der Autor übertreibt bei der Darstellung eines Sachverhaltes.	„Schneckentempo"

Auch hier gilt: Beschränkt euch bei der Analyse der Quelle auf die auffälligsten Stilmittel. Ihr müsst beispielsweise nicht jede Alliteration oder Anapher nennen, sondern nur die Stilmittel, die mit wichtigen Aussagen der Quelle in Verbindung stehen.

Zu beachten ist, dass ihr die Quelle gemäß den Maßstäben ihrer Zeit und nicht nach denen der Gegenwart analysiert! Besonders in Bezug auf den im Text verwendeten Sprachstil ist es wichtig zu wissen, dass sich viele Wörter und Begriffe über die Zeit verändert haben und früher anders gebraucht wurden als heute.

4.2.3 Analyse von Bildquellen

Die Analyse von Bildquellen gestaltet sich deutlich anders als bei Textquellen. Offensichtlich ist, dass ihr viel weniger Text habt, um euch Informationen über den Inhalt der Quelle zu verschaffen. In einigen Fällen sind auf dem Bild zwar Wörter oder Sätze zu sehen, den maßgeblichen Teil der Informationen erhaltet ihr hier aber durch das genaue Betrachten der Bildelemente. Ähnlich wie bei Texten gilt also auch bei Bildern, dass ihr euch diese genau anschaut. Dafür solltet ihr ruhig ein paar Minuten Zeit einplanen.

Bildquellen-analyse

Bei Bildquellen findet ihr fast immer zusätzliche Informationen zur Quelle in Textform, da ihr den Urheber, die Umstände, das Datum und den Ort der Veröffentlichung häufig nicht direkt aus dem Bild entnehmen könnt. Um Informationen aus den Bildern ziehen zu können, helfen euch die W-Fragen, die ihr bereits kennengelernt habt. Da das bei Bildern nicht so einfach ist wie bei Texten, müssen wir die W-Fragen weiter differenzieren. Zunächst muss nach den äußeren Faktoren gefragt werden:

1. **Um was für eine Bildquelle handelt es sich?**
2. **Wer ist der Urheber oder Auftraggeber des Bildes?**
3. **Was ist das Thema des Bildes bzw. hat das Bild einen Titel?**
4. **Wann und wo wurde das Bild veröffentlicht?**
5. **An wen ist das Bild adressiert?**

Mit diesen Fragen könnt ihr die äußeren Umstände der Quelle bestimmen. Im Anschluss daran gilt es, direkt auf die Quelle einzugehen. Dabei müsst ihr zwischen der **bildlichen** und der **textlichen Ebene** der Bildquelle unterscheiden. In Aufgabe 1 müsst ihr lediglich auf die bildliche Ebene eingehen. Es geht darum, das Dargestellte zu erkennen und zu beschreiben. Dafür könnt ihr die folgenden Fragen an die Quelle stellen:

1. **Welche Bildelemente sind zu erkennen (Personen, Orte, Gegenstände, etc.)?**
2. **Wie sind die Bildelemente angeordnet (Vordergrund – Mittelgrund – Hintergrund)?**
3. **Wie werden die Personen dargestellt (Gestik, Mimik, Körperhaltung)?**
4. **In welchen Farben ist das Bild gehalten und lässt sich möglicherweise ein bestimmter Malstil erkennen?**

Die Interpretation des Bildes nehmt ihr in Aufgabe 2 bei der Beschreibung des Kontextes vor. Jedes Bildelement hat eine bestimmte Bedeutung. Eure Aufgabe ist es, diese Bedeutungen zu erkennen und herauszuarbeiten.

Dabei helfen euch folgende Fragen:

1. **Welcher Sachverhalt wird in dem Bild dargestellt?**
2. **Welche Perspektive nimmt der Betrachter zum Geschehen ein?**
3. **Handelt es sich um eine realistische Darstellung des Geschehens?**
4. **Was möchte der Urheber mit dem Bild erreichen?**
5. **Wird in dem Bild ein Standpunkt in Bezug auf das Geschehen deutlich?**

Mit der Beantwortung dieser Fragen könnt ihr das Bild interpretieren. Diese Interpretation ist für euch eine wichtige Grundlage, um den Zusammenhang der Bildquelle mit dem historischen Kontext in Aufgabe 2 zu verstehen.

Vorsicht! Wie bereits gesagt, bieten euch Bildquellen in den meisten Fällen deutlich weniger Hinweise auf Kontext-Wissen als Textquellen. Darum auch hier nochmal der Hinweis, dass ihr euch auf alle inhaltlich relevanten Themen für das Abitur gründlich vorbereiten solltet, damit ihr Jahreszahlen, Ereignisse und Personen historisch richtig zuordnen könnt.

4.3 Einordnung der Quelle in ihren historischen Kontext

Einordnung

Damit habt ihr die erste Aufgabe abgeschlossen und könnt mit der zweiten fortfahren. Hier wird von euch erwartet, dass ihr die Quelle in den **historischen Kontext** einordnet. Was meinen eure Lehrer eigentlich damit, und warum ist er wichtig?

Als Historischen Kontext bezeichnet man die Strukturen, Prozesse und Ereignisse, in die eine Quelle oder der Vorgang, der in einer Quelle beschrieben wird, eingebettet ist. Er bezieht sich also auf die Zeit unmittelbar vor, während und nach den Ereignissen einer Quelle. Grob gesagt kann man damit die Lebenswirklichkeit der Zeitgenossen bezeichnen.

Es kommt hier also auf das historische Vorwissen an. Dieses Wissen habt ihr euch idealerweise durch die Klausurvorbereitung im Schulunterricht und durch eure mehrwöchige Lernphase vor der Prüfung angeeignet. Ohne historisches Vorwissen wird es euch nicht möglich sein, diese Aufgabe in angemessener Weise zu bewerkstelligen.

Tipps zur Vorbereitung:

1. Sucht in euren Mitschriften und Unterrichtsmaterialien nach historischen Ereignissen und Daten, die mit den potentiellen Prüfungsthemen in Verbindung stehen, und lernt sie.
2. Falls ihr den Eindruck habt, dass euch zu eurem Thema noch weitere Informationen fehlen, schaut am besten in einem Geschichtslexikon oder eine Überblicksdarstellung nach. Eurer Lehrer macht euch sicher gerne Literaturvorschläge.

Eine umfassende Übersicht historischer Ereignisse ist in diesem Heft nicht enthalten. Bei den Übungsaufgaben in den Kapiteln 6-9 findet ihr jedoch eine Menge an historischen Daten, die ihr zur Bearbeitung der Aufgaben benötigt. Diese Ereignisse sind jedoch abhängig vom Kontext der Quellen und können euch nur eine grobe Orientierung bieten. Daher solltet ihr euch darüber hinaus noch detaillierter mit den Sachverhalten auseinandersetzen.

Nicht jedes der Ereignisse des historischen Kontextes steht im Zusammenhang mit der vorliegenden Quelle. Daher müsst ihr die Ereignisse auswählen, die in direkter oder indirekter Verbindung mit ihr stehen. Ereignisse, die keinen inhaltlichen Bezug zur Quelle aufweisen, könnt ihr vernachlässigen.

Tipps zum Bestimmen relevanter Ereignisse:

1. Möglicherweise wird in der Quelle selbst Bezug auf andere historische Ereignisse genommen. Über diese solltet ihr euch auf jeden Fall informieren.
2. Die W-Fragen können euch dabei helfen, den Kontext der Quelle einzugrenzen. In der Quelle genannte Personen, Orte und Zeitangaben können euch auf Bezüge zu anderen Geschehnissen hinweisen.

Um den Kontext einer Quelle erschließen zu können, müsst ihr euch also ihr zeitliches Umfeld ansehen. Es empfiehlt sich, dabei chronologisch vorzugehen, d. h. ihr beginnt mit dem Zeitgeschehen vor der Quelle, macht weiter mit der Deutung der Quelle und schließt mit dem Geschehen nach der Quelle ab. Wählt ein Ereignis aus, dass euch als Startpunkt für den Kontext geeignet erscheint!

Adam, Eva, ein Apfel und der Börsencrash 1929:

Seid bei der Auswahl des Startpunktes pragmatisch. Natürlich kann man, wenn man über die Ursachen des Zweiten Weltkriegs diskutiert, bis zu Napoleon zurückgehen. Ob dies im Kontext einer Abiturprüfung sinnvoll ist, steht aber auf einem anderen Blatt. Hier gilt ebenso wie beim Einsatz des Textmarkers: **„So viel wie nötig, so wenig wie möglich.“**.

Anschließend beschreibt ihr jedes Ereignis in ein bis zwei Sätzen und erläutert den Bezug zur Quelle. Zu diesem Vorgehen passt ein Schema, das nach den Auslösern, den Ursachen und den Folgen fragt:

1. **Der *Auslöser* markiert ein bestimmtes Ereignis, das eine Kette oder einen Prozess in Gang setzt, in die oder den auch die vorliegende Quelle eingeordnet werden kann.**
2. ***Ursachen* sind Ereignisse oder Zustände, die einen solchen Prozess fördern und bedingen. Auch sie sind zeitlich vor der Quelle zu suchen.**
3. **Chronologisch nach der Quelle lassen sich *Folgen und Auswirkungen* feststellen.**

4.4 Bewertung oder Beurteilung der Quelle

Je gründlicher ihr die ersten beiden Aufgaben bearbeitet habt, desto weniger Schwierigkeiten werdet ihr bei der Bearbeitung der dritten Aufgabe bekommen, da es nun darum geht, die Ergebnisse der Analyse zu beurteilen.

Sach- und Werturteil

Tipp:

Während die ersten beiden Aufgabestellungen sich von Klausur zu Klausur nicht groß verändern, hängt die Gestaltung des Schlussteils maßgeblich von der Formulierung der Aufgabenstellung ab. Lest diese also besonders gründlich!

In den meisten Fällen wird hier von euch gefordert, dass ihr die Quelle vor dem Hintergrund des historischen Kontextes 'beurteilt' oder 'bewertet'. Hier kommen also wieder die sogenannten Operatoren ins Spiel, denn hier verlangt der Lehrer von euch nicht einfach nur eine Meinung, sondern eine präzise begründete Argumentation. Schauen wir uns hierzu also in unserem NRW-Wörterbuch Deutsch – Lehrer, Lehrer – Deutsch noch einmal diejenigen Operatoren an, mit denen ihr am wahrscheinlichsten zu rechnen haben werdet:

Interpretieren: Sinnzusammenhänge aus Quellen erschließen und eine begründete Stellungnahme abgeben, die auf einer Analyse, Erläuterung und Bewertung beruht.

Beurteilen: Den Stellenwert historischer Sachverhalte in einem Zusammenhang bestimmen, um ohne persönlichen Wertebezug zu einem begründeten Sachurteil zu gelangen.

Bewerten: Wie Operator „beurteilen", aber zusätzlich mit Offenlegen und Begründen eigener Wertmaßstäbe, die Pluralität einschließen und zu einem Werturteil führen, das auf den Wertvorstellungen des Grundgesetzes basiert[1].

Bei der Benotung eurer Prüfung wird der Lehrer also ganz genau darauf achten, ob in eurer Antwort die Kriterien, die in den Operatoren genannt werden, erfüllt sind. Es ergibt also Sinn, wenn ihr euch die Unterschiede zwischen den Operatoren einprägt, um im Ernstfall nicht an der Fragestellung vorbei zu antworten.

Sehr häufig wird von euch die Bewertung einer Quelle verlangt. Bei der Bearbeitung der dritten Aufgabe müsst ihr also zwischen zwei Formen von Urteilen unterschieden: Dem '**Sachurteil**' und dem '**Werturteil**'. Ihr müsst beide Urteilsformen aufeinander aufbauend, aber getrennt voneinander in den Schlussteil einfließen lassen. Dies ist wichtig, denn beiden Urteilen liegen unterschiedliche Maßstäbe zu Grunde.

Während ein Sachurteil auf prinzipiell sachlich (daher der Name) überprüfbaren Kriterien beruht, basierend Werturteile auf euren persönlichen normativen, also ethisch-moralischen Wertvorstellungen. Kurz gefasst: Ein Sachurteil wird auf inhaltliche Richtigkeit geprüft und sollte bei allen Prüflingen zumindest ähnlich lauten. Ein Werturteil ist äußerst individuell und wird auf innere Stringenz hin überprüft. Hier nochmal konzentriert:

Sachurteil: Ereignisse, die im Inhalt der Quelle genannt werden oder in ihrem historischen Kontext einzuordnen sind, werden hinsichtlich ihrer Bedeutung in einen begründeten Zusammenhang gestellt.

Werturteil: Anhand des Sachurteils wird die Quelle hinsichtlich ihrer Glaubwürdigkeit und Relevanz für ihre Zeit und für die Gegenwart bewertet. Auch eure eigene Meinung soll unter Offenlegung eurer Wertmaßstäbe zu einer persönlichen Stellungnahme der Quelle formuliert werden.

Es geht also, und dass ist extrem wichtig, nicht einfach nur um eure Meinung. Beide Urteilsformen müssen neben den oben genannten eigenen Kriterien auch gemeinsame Gütekriterien erfüllen, damit ihr damit vor den Augen eures Lehrers bestehen könnt. Sie müssen transparent, sachlich

[1] Zitiert nach: Operatorenübersicht, `https://www.standardsicherung.schulministerium.nrw.de/cms/zentralabitur-gost/faecher/getfile.php?file=3946`, abgerufen am 13.2.2018.

und logisch korrekt, überzeugend und verständlich und auf die ursprüngliche Aufgabenstellung rückbezogen sein.

> **Wichtig:**
>
> Legt also die Kriterien und Wertmaßstäbe, nach denen ihr urteilt, offen, schweift nicht vom Thema ab und zeigt, dass ihr euch mit der Frage des Lehrers auseinandergesetzt habt.

Ihr beginnt mit dem Sachurteil. Hierbei bezieht ihr euch sowohl auf die Quelle als auch auf ihren historischen Kontext und setzt die Bedeutung der verschiedenen historischen Ereignisse in einen begründeten Zusammenhang. Die folgenden Dinge können euch dabei helfen:

- Schaut euch noch einmal den historischen Kontext an. Besonders die Ereignisse, die zeitlich nach der Quelle liegen, können Aufschluss darüber geben, ob die Quelle Auswirkungen auf die Folgezeit hatte.
- Vielleicht kennt ihr Texte von Historikern, die sich ebenfalls mit der Quelle beschäftigt haben. In diesem Fall könnt ihr deren Urteil in eure eigene Argumentation mit einbeziehen, um es zu unterstützen oder zu widerlegen.

Danach folgt das Werturteil: Durch den zuvor begründeten Zusammenhang der dargestellten Ereignisse könnt ihr die Quelle hinsichtlich ihrer historischen Bedeutung und ihrer Relevanz für die heutige Zeit bewerten. Stellt euch dazu folgende Fragen:

1. **Wie glaubwürdig ist die Quelle für damalige Verhältnisse?**
2. **Kann der Urheber der Quelle seine Absichten überzeugend vermitteln, auch im Hinblick auf die Zeit nach der Quelle?**
3. **Ist die Quelle auch aus heutiger Sicht noch relevant?**

Außerdem dürft ihr hier auch eure eigene Meinung einfließen lassen und Stellung zur Quelle nehmen. Dabei müsst ihr folgendes beachten (auch wenn wir uns hier erneut wiederholen):

> **Wichtig:**
>
> Legt die Wertmaßstäbe, auf denen euer Urteil beruht, offen. Reflektiert euer Urteil. Vergesst nicht, deutlich zu machen, dass es sich bei eurer Argumentation um eure eigenen Thesen und Schlussfolgerungen handelt. Einfach nur zu schreiben *„Meiner Meinung nach...“* reicht nicht.

4.5 Sonderformen

In seltenen Fällen kann die Aufgabenstellung der Klausur auch von dem in den letzten Kapiteln vorgestellten Schema der Quellenanalyse abweichen. Sollte ein solcher Fall eintreten, haltet euch genau an die gegebene Aufgabenstellung! Möglicherweise werden euch auch zwei Quellen zur Bearbeitung gegeben, die ihr miteinander vergleichen sollt. In der Regel handelt es sich dabei um Quellen, die im gleichen Kontext veröffentlicht wurden und die sich inhaltlich mit dem gleichen Thema beschäftigen.

Thematisches Beispiel:

Während der Kubakrise im Kalten Krieg 1962 gab es einen Briefwechsel zwischen dem US-Präsidenten John F. Kennedy und dem Regierungschef der Sowjetunion, Nikita Chruschtschow. Jeder dieser Briefe kann als eigenständige Quelle in Bezug auf das gleiche Thema bewertet werden.

Auch in diesem Fall werdet ihr drei Aufgaben gestellt bekommen, die in ähnlicher Weise bearbeitet werden müssen wie bei einer normalen Quellenanalyse.

Beispiel einer Aufgabenstellung:

1. Analysieren Sie die vorliegenden Quellen.
2. Stellen sie beide Quellen in einen gemeinsamen historischen Kontext.
3. Vergleichen Sie die Quellen miteinander und bewerten Sie sie vor dem Hintergrund ihrer historischen Relevanz.

Bei der Bearbeitung der ersten Aufgabe geht ihr genauso vor wie bei einer normalen Quellenanalyse, nur dass ihr beide Quellen einzeln nacheinander analysiert. Die Quellen werden natürlich etwas kürzer sein als es bei einer normalen Quellenanalyse der Fall ist, damit ihr keine Zeitprobleme bekommt.

Bei der zweiten Aufgabe beschreibt ihr den historischen Kontext, in den ihr beide Quellen einordnet. Dadurch werden auch die Bezüge der beiden Quellen zueinander deutlich, und es lassen sich politische Positionen oder ähnliches erkennen.

Die dritte Aufgabe gibt vor, dass ihr die beiden Quellen vor dem Hintergrund des historischen Kontextes miteinander vergleichen und bewerten sollt. Auch hier müsst ihr Sachurteile und Werturteile erstellen. Greift die Inhalte der Quellen noch einmal kurz auf und erklärt die Gemeinsamkeiten und Unterschiede.

5 Beispielklausuren

Bisher haben wir uns den Abiturprüfungen sehr theoretisch genähert. Ihr habt gelernt, wie ihr euch langfristig auf die Abiturklausuren vorbereiten könnt, wie sie aufgebaut sind, was es mit Quellen auf sich hat, welche Aufgaben euch erwarten und auf welchen Grundlagen die Lehrer eure Lösungen überprüfen und bewerten. Im Rest des Heftes geben wir nun Butter bei die Fische.

Alles, was wir euch im theoretischen Teil vorgestellt haben, wenden wir nun Schritt für Schritt auf eine Reihe von Beispielklausuren an. Die Themen der Klausuren haben wir uns natürlich ausgedacht und können daher auch keine Garantie darauf geben, dass sie in dieser Form auch auf euch zukommen. Sie entsprechen aber alle thematisch den Inhaltsfeldern aus dem Zentralabitur des Landes NRW, welche wir euch in Kapitel 2.1 vorgestellt haben.

Auch bei den Lösungen müssen wir natürlich bei einem geringeren Umfang bleiben, als ihr in einer mehrstündigen Klausur niederschreiben könnt (und solltet). Wir beschränken uns daher auf die Kernelemente. Die Lösungen sind also nur Ausschnitte, die auf wichtige Punkte hinweisen, aber keine Komplettlösungen. Sie sollen euch als Hinweisgeber dafür dienen, wie ihr mit den euch gestellten Aufgaben umgehen könnt. Nebenbei könnt ihr sie aber auch zur Wiederholung der wichtigsten historischen Daten und Ereignisse der jeweiligen Inhaltsfelder nutzen.

6 Inhaltsfeld 1: Nationalismus im 19. und 20. Jahrhundert

6.1 Beispielklausur 1

6.1.1 Quellen und Aufgabenstellung

Der vorliegende Auszug stammt aus der 14. Rede des deutschen Philosophen Johann Gottlieb Fichte. Diese Rede wurde 1807/1808 in Berlin als Vorlesung „Reden an die deutsche Nation"gehalten. Da sie bei den Zuhörern sehr großen Anklang fand, wurde sie zu einem späteren Zeitpunkt auch gedruckt veröffentlicht.

„Es sind Jahrhunderte versunken, seitdem ihr nicht so zusammenberufen worden seid wie heute; in solcher Anzahl; in einer so großen, so dringenden, so gemeinschaftlichen Angelegenheit; so durchaus als Nation und Deutsche. Auch wird es euch niemals wieder so geboten werden. [...]

Wen diese Gegenwart nicht aufregt, der hat sicher alles Gefühl verloren. Ihr seid zusammenberufen, einen letzten und festen Entschluß zu fassen; keineswegs etwa zu einem Befehle, einem Auftrage, sondern zu einer Zumutung an euch selber. Eine Entschließung sollt Ihr fassen, die jeder nur durch sich selbst und in seiner eigenen Person ausführen kann. [...]

Lasset vor euch vorübergehen die verschiedenen Zustände, zwischen denen ihr eine Wahl zu treffen habt. Gehet ihr ferner weiterhin so daher in eurer Dumpfheit und Achtlosigkeit, so erwarten euch zunächst alle Übel der Knechtschaft, Entbehrungen, Demütigungen, der Hohn und Übermut [...]; ihr werdet herumgestoßen werden in allen Winkeln, weil ihr allenthalben nicht recht und im Wege seid; solange, bis ihr, durch Aufopferung eurer Nationalität und Sprache, euch irgendein untergeordnetes Plätzchen erkauft habt, und bis auf diese Weise allmählich euer Volk auslöscht.

Wenn ihr euch dagegen ermannt zum Aufmerken, so findet ihr zunächst eine ehrenvolle und erträgliche Fortdauer, und sehet noch unter euch und um euch herum ein Geschlecht aufblühen, das euch und den Deutschen das rühmlichste Andenken verspricht. Ihr sehet im Geiste durch dieses Geschlecht den deutschen Namen zum glorreichsten unter allen Völkern erheben, ihr sehet diese Nation als Wiederherstellerin der

Welt.

Es hängt von euch ab, ob ihr das Ende sein wollt und die letzten eines nicht achtungswürdigen Geschlechts, bei dessen Geschichte die Nachkommen sich freuen werden, wenn es mit ihnen zu Ende ist; oder ob ihr der Anfang sein wollt, der Entwicklungspunkt einer neuen, über alle eure Vorstellungen herrlichen Zeit, und diejenigen, von denen an die Nachkommenschaft die Jahre ihres Heils zähle.

Bedenket, daß ihr die letzten seid, in deren Gewalt diese große Veränderung steht. Ihr habt doch noch die Deutschen als Eins nennen hören, ihr habt ein sichtbares Zeichen ihrer Einheit, ein Reich und einen Reichsverband gesehen oder davon vernommen [...]. Was nach euch kommt, wird sich an andere Vorstellungen gewöhnen, es wird fremde Formen und einen anderen Geschäfts- und Lebensgang annehmen; und wie lange wird es noch dauern, daß keiner mehr lebe, der Deutsche gesehen oder von ihnen gehört habe?

Was von euch gefordert wird, ist nicht viel. Ihr sollt es nur schaffen, euch auf kurze Zeit zusammenzunehmen und zu denken über das, was euch unmittelbar und offenbar vor den Augen liegt. Darüber sollt ihr euch eine feste Meinung bilden, derselben treu bleiben und sie in eurer nächsten Umgebung auch äußern und aussprechen. Das ist die Voraussetzung. Es ist unsere sichere Überzeugung, daß der Erfolg dieses Denkens bei euch allen auf die gleiche Weise ausfallen werde, und daß, wenn ihr nur wirklich denket und nicht hingeht in der bisherigen Achtlosigkeit, ihr übereinstimmend denken werdet, und daß die Einmütigkeit und Eintracht des Geistes von selbst kommen werde. Ist es aber einmal dazu gekommen, so wird alles Übrige, was uns nötig ist, sich von selbst ergeben."

QUELLE: EUCKEN, RUDOLF (HG.), FICHTE, JOHANN GOTTLIEB, REDEN AN DIE DEUTSCHE NATION, LEIPZIG 1915, S. 249 FF.

Aufgaben:

1. Analysieren Sie die Quelle.
2. Stellen Sie die Rede Fichtes in den historischen Kontext bis einschließlich 1813.
3. Beurteilen Sie die Rede Fichtes vor dem Hintergrund der Entstehungssituation, der weiteren Entwicklung und des vorliegenden Nationalismuskonzeptes.

6.1.2 Erwartungshorizont

Aufgabe 1

Schon der kurze Vortext zur Quelle enthält wichtige Informationen, die ihr zum Bearbeiten der ersten Aufgabe benötigt. Darin werden der Autor und die Form der Quelle, so wie der Ort und die Zeit der Veröffentlichung genannt. Die Beantwortung der 7 W-Fragen ergibt dann folgendes:

Autor/Urheber: der Philosoph Johann Gottlieb Fichte

Quelle: Rede aus der Vorlesungsreihe „Reden an die deutsche Nation“ (Primärquelle)

Ort und Zeit: 1807/1808 in Berlin

Anlass: schlechte wirtschaftliche und politische Situation Preußens

Ziel/Intention: Versuch, die Zuhörer argumentativ von der schlechten Lage zu überzeugen und das deutsche Nationalbewusstsein zu stärken

Adressaten: erst gebildetes Publikum in Berlin, nach Veröffentlichung dann an alle Deutschen gerichtet

Bei der vorliegenden Textquelle handelt es sich um einen Auszug aus einer Rede des deutschen Philosophen Johann Gottlieb Fichte. Fichte hielt diese Rede im Rahmen der Vorlesungsreihe „Reden an die deutsche Nation“ in Berlin 1807/1808, also kurz nach der Erlöschung des Heiligen Römischen Reiches. Wenig später wurde die Rede auch gedruckt und veröffentlicht. Die vorliegende Rede ist also eine Primärquelle. Fichte fordert darin sein Publikum auf, sich der unbefriedigenden staatlichen und gesellschaftlichen Lage der Deutschen bewusst zu werden und diese unter Rückgriff auf das Konzept der „Nation“ zu verändern und zu verbessern. Danach folgt die Einteilung des Textes in Sinnabschnitte und deren inhaltliche Wiedergabe in jeweils ein bis zwei Sätzen. Bei der vorliegenden Rede ist es sinnvoll, sich die Absätze genau anzuschauen und inhaltlich zu unterteilen. In der Musterlösung kommen wir auf vier Sinnabschnitte mit folgenden Inhalten:

Der erste Abschnitt (Z. 1-9) beinhaltet die Einleitung der Rede. Fichte spricht die Zuhörer nicht als Preußen, sondern als Deutsche und somit als Teil einer Nation an und sagt, dass jeder einzelne sich der besonderen historischen Situation bewusst werden solle, in der er sich befände. Im zweiten Abschnitt (Z. 10-23) erläutert Fichte, dass den Deutschen zwei Wahlmöglichkeiten blieben. Sollten sie ihr Verhalten nicht ändern und weiterhin alles hinnehmen, wozu sie von äußeren Mächten gedrängt würden, so würden sie zunächst Kultur und Sprache verlieren, um schließlich als Volk aufhören zu existieren. Sollten sie sich jedoch ihrer schlechten Lage bewusst werden, so bestünde die Chance eines Aufblühens der Deutschen. In Abschnitt drei (Z. 24-36) wiederholt Fichte seine Sorgen darüber, dass die Deutschen die Erinnerung an die staatliche und kulturelle Einheit mit dem Tod der aktuellen Generation verlieren könnten. Gleichzeitig zeigt er die Chance auf, als Anfangspunkt für eine Kette von aufblühenden weiteren Generationen zu fungieren. Im letzten Sinnabschnitt (Z. 37-47) weist Fichte die Deutschen noch einmal darauf hin, über die Situation nachzudenken und verspricht ihnen, dass sie nach gründlicher Überlegung alle zum selben Ergebnis, nämlich dem Entschluss, etwas zu verändern, kommen würden. Das sei für ihn die Voraussetzung für die Eintracht und für ein gemeinschaftliches Nationalbewusstsein.

Nach der Einteilung und Wiedergabe der Sinnabschnitte könnt ihr die Gesamtaussage der Quelle noch einmal kurz zusammenfassen. Zum Beispiel so:

Zusammengefasst möchte Fichte den Zuhörern zeigen, dass sie in der Vergangenheit und in ihrer gegenwärtigen Situation von fremden Mächten ausgenutzt wurden und noch werden. Gleichermaßen zeigt er ihnen aber Möglichkeiten auf, wie sie als geeintes Volk mit einer gemeinsamen Intention etwas an ihrer Lage ändern können.

Aufgabe 2

Die Aufgabestellung der zweiten Aufgabe verlangt, dass ihr die Quelle in den historischen Kontext bis einschließlich 1813 einordnet. Die relevanten historischen Ereignisse werden also nach oben hin zeitlich eingegrenzt. Mit welchen historischen Ereignissen ihr die Beschreibung des Kontextes beginnt, müsst ihr allerdings selbst entscheiden. Da die Quelle inhaltlich auf die schlechte Lage der Bevölkerung in den deutschen Staaten, insbesondere im Königreich Preußen, 1807/1808 anspielt, lohnt es sich, einen Blick auf die Ereignisse zu werfen, die im Vorfeld der Quelle stattgefunden haben und die zu den schlechten Verhältnissen geführt haben könnten. Hier lassen sich drei verschiedene Entwicklungen finden, die zu den in der Quelle geschilderten Umständen passen:

1. **Die Bedrohung des Heiligen Römischen Reiches durch Napoleon**
   - 1801: Frieden von Lunéville: Eingliederung der linksrheinischen Gebiete des Reiches nach Frankreich. Folgen: Säkularisation und Mediatisierung im Reich.
   - 1804: Napoleons Selbstkrönung zum Kaiser – Provokation des Römischen Kaisers und des russischen Zaren.
   - 1805: Niederlage Österreichs und Russlands gegen Frankreich bei Austerlitz.
   - 1806: Niederlagen Preußens gegen Frankreich bei Jena und Auerstedt. Frieden von Tilsit: Preußen muss 50% seines territorialen Besitzes an Frankreich abtreten – Preußen gerät in politischen und wirtschaftlichen Notstand.
2. **Die Situation der Bevölkerung im Königreich Preußen**
   - Vor Napoleon: Feudalsystem/Grundherrschaft: Fokus auf Landwirtschaft – Bauern waren abgabepflichtig gegenüber den Grundherren – Einfache Bevölkerung wurde von Adel und Klerus wirtschaftlich ausgebeutet.
   - Durch Napoleon: wirtschaftlicher und militärischer Zusammenbruch Preußens, Gebietsabtretungen.
   - Ab 1806: französische Fremdherrschaft bedroht den Bestand des Königreichs Preußen – Ausbeutung der Bevölkerung hat weiterhin Bestand.
3. **Die preußischen Reformen ab 1806**
   - Reaktion auf die preußische Notsituation nach den Niederlagen gegen Frankreich 1806.
   - Preußischer König beruft die Adeligen Stein und Hardenberg in wichtige Regierungsämter.
   - Ziele der Reformen: Aufschwung Preußens; Zurückdrängung von Napoleons Einfluss.
   - Maßnahmen: Verwaltungs-, Wirtschafts-, Bildungs-, und Militärreform – dem Adel sollte zu Gunsten der einfachen Bevölkerung einige Privilegien entzogen werden – Gleichheit in persönlicher Freiheit und vor dem Gesetz
   - Nach anfänglicher Unterstützung versucht Napoleon, die Reformen zu verhindern – Stein und Hardenberg müssen nach Russland fliehen.

Diese drei Entwicklungsstränge stehen im unmittelbaren Zusammenhang mit der Quelle. Fichtes Bestrebungen, das Bewusstsein der Bevölkerung zu schärfen, um ihre schlechte Lage zu erkennen, diese ändern zu wollen und ein Nationalgefühl auszubilden, können aus den folgenden Gründen direkt auf die genannten Entwicklungen bezogen werden:

- Fichte will, dass die Deutschen die von Ihren Fürsten verantwortete katastrophale Lage nicht weiter hinnehmen oder sie ignorieren. Sie sollen sie erkennen und handeln.
- Er sieht die Herrschaft Napoleons als Gefahr für den Bestand des deutschen Volkes. Die Ausbildung eines Nationalbewusstseins soll also vor den französischen Einflüssen schützen.
- Die preußischen Reformen haben für Fichte das Potenzial, die wirtschaftliche und soziale Situation der Bevölkerung zu verbessern. Die Ausbildung eines Gemeinschaftsgefühls kann also als Druckmittel funktionieren, um eine solche Entwicklung zu gewährleisten.

Nachdem ihr die Ursachen in Verbindung mit der Quelle gebracht habt, schaut ihr euch nun noch die Folgen bis einschließlich 1813 an. Hier lassen sich zwei verschiedene Entwicklungen herausarbeiten:

1. **Rückgang von Napoleons Macht in Europa**
   - 1812: Napoleons Russlandfeldzug scheitert.
   - 1813: Niederlage Napoleons in der Völkerschlacht bei Leipzig.
   - Ab 1813: Befreiungskriege.
2. **Durchsetzung der Reformen in Preußen**
   - Nach der Niederlage Napoleons 1813 konnten die Reformen von äußeren Einflüssen weitgehend ungehindert fortgeführt werden.
   - Adel wehrt sich gegen Reformen.
   - Trotzdem beinahe vollständige Durchsetzung der Reformen bis 1815 – Adel verliert Privilegien, Situation größerer Bauern verbessert sich, Kleinbauern blieben aber weiter abgabepflichtig.

Die Deutung der Quelle könnte also so aussehen:

> 1799 hatte Napoleon durch einen Staatsstreich die Macht in Frankreich übernommen und sich 1804 selbst zum Kaiser gekrönt. In einer Reihe von Feldzügen (den sogenannten Napoleonischen Kriegen) konnte Frankreich seine Macht in Europa ausweiten und seine Rivalen in wechselnden Koalitionen zurückdrängen. In der Folge wurde das Staatensystem Europas, u. a. mit der Gründung des Rheinbundes und der Auflösung des Heiligen Römischen Reiches deutscher Nation, durch Napoleon grundlegend verändert. Auch das Königreich Preußen, welches sich 1806 gegen Frankreich wandte, erlitt u. a. bei Jena und Auerstedt entscheidende Niederlagen, wurde teilweise französisch besetzt und musste den Verlust von über 50 Prozent seines Territoriums hinnehmen.
>
> Fichte bezieht sich in seiner Rede vor allem auf die Situation der preußischen bzw. deutschen Bevölkerung seit dem Sieg Napoleons 1807. Bis zu seiner Niederlage gegen Frankreich hatte sich in Preußen eine weitgehend anachronistische Form einer aufgeklärten absolutistischen Feudalherrschaft erhalten. Bauern bewirtschafteten Höfe und Güter, die größtenteils adligen Grundherren gehörten, und mussten Abgaben und Steuern an diese entrichten. Die Bauern hatten sehr unter der Last der Abgaben zu leiden und wurden vom Adel regelrecht ausgebeutet. Nachdem Preußen nach den Niederlagen gegen Frankreich 1806 aber in eine wirtschaftliche Notlage geraten war, wurden die Reformer Stein und Hardenberg in wichtige Regierungsämter berufen. Ihr Konzept einer Staats- und Verwaltungsreform beruhte auf der Aufklärung und

wurde von militärischen und wissenschaftlichen Reformen flankiert. Unter anderem sollten dem Adel einige seiner Privilegien entzogen werden, um das einfache Volk zu entlasten. Ihr endgültiges Ziel war es, die Voraussetzungen für eine Befreiung Preußens von der französischen Fremdherrschaft zu schaffen. Napoleon, der die Reformen zunächst unterstützt hatte, versuchte im weiteren Verlauf, sie zu verhindern. Stein und Hardenberg mussten kurz darauf ihre Ämter niederlegen und nach Russland fliehen.

Hier setzt Fichtes Rede an. 1806, kurz nach dem Beginn der Reformen, sieht Fichte für die Bevölkerung zwei Probleme, nämlich die Fremdherrschaft Frankreichs und die Unterdrückung der einfachen Bevölkerung. Seine Rede stellt einen Aufruf an die Zuhörer dar, sich ihrer schlechten Lage bewusst zu werden und ein Gemeinschaftsgefühl zu entwickeln. Er warnt vor der „Auslöschung der Deutschen", sollte es den Deutschen nicht gelingen, die inneren Differenzen zu überbrücken. Damit meint Fichte auch einen gerechteren Umgang der Stände untereinander. Das Scheitern von Napoleons Russlandfeldzug 1812 und seine Niederlage in der Völkerschlacht bei Leipzig 1813 dämmten seinen Einfluss in Europa deutlich ein. Nun konnten die preußischen Reformen fortgeführt werden, auch wenn der Adel sich nach wie vor dagegen wehrte. Die wirtschaftliche Situation der größeren Bauern verbesserte sich, kleinere Höfe blieben aber weiterhin abgabepflichtig. Dennoch war es durch die gleichzeitig vorangetriebene Bildungsreform nun möglich, dass auch die Kinder der einfachen Bevölkerung Gymnasien besuchen und somit eine bessere Schulbildung erhalten konnten.

Aufgabe 3

Die dritte Aufgabe fordert, dass ihr die Quelle hinsichtlich ihrer Entstehung, der weiteren historischen Entwicklung und ihres Nationalismuskonzeptes beurteilt. Erinnert euch bitte noch einmal an die Operatoren und macht euch bewusst, was „beurteilen" in diesem Fall bedeutet. Es geht darum, „[d]en Stellenwert historischer Sachverhalte in einem Zusammenhang [zu] bestimmen, um ohne persönlichen Wertebezug zu einem begründeten Sachurteil zu gelangen." Diesen Teil erledigt ihr auf Grundlage der Einordnung in den historischen Kontext in Aufgabe 2. Um ein Sachurteil zu fällen, solltet ihr folgende Punkte noch einmal aufgreifen:

In Frankreich und den USA hatten sich im 17. Und 18. Jahrhundert unter sehr unterschiedlichen Voraussetzungen Nationalstaaten entwickelt, die als Vorbild für nationale Bewegungen in anderen Teilen der Welt dienten. In Frankreich hatte eine starke, zentralisierte Monarchie Zug um Zug die meisten Teile des Landes unter ihre Kontrolle gebracht. In den USA hatte der Unabhängigkeitskrieg gegen Großbritannien aus britischen Kolonisten Amerikaner gemacht. Im Heiligen Römischen Reich, das zu dieser Zeit aus mehr als 300 Einzelstaaten bestand, gab es eine solche Entwicklung nur in Ansätzen. Zwischen den einzelnen Staaten herrschten Rivalitäten und teilweise sogar kriegerische Auseinandersetzungen. Zwar existierte ein diffuses Gefühl eines gemeinsamen Kulturraumes, aber das Fehlen eines Einheitsstaates verhinderte eine weitere Entwicklung in diese Richtung. Fokuspunkt blieben immer die Einzelstaaten. Dies verstärkte sich nach der Auflösung des Reiches noch weiter, als Teile der deutschen Staaten unter französische Abhängigkeit gerieten. Fichte, der seine Rede im Königreich Preußen, einem der größten ehemaligen Teilstaaten des Heiligen Römischen Reiches, hielt, bezog sich aber dadurch, dass er die Bevölkerung mit „die Deutschen" ansprach, auf die gesamte Bevölkerung des ehemaligen Reiches. Für ihn war klar, dass nur die Schaffung eines einheitlichen Nationalbewusstseins und die Bündelung aller nationalen Kräfte die innere gesellschaftliche wie politische Zerrissenheit der Deutschen beenden könnte. Seine Vorlesungen bildeten einen wichtigen Auftakt für die Entwicklung eines gemeinsamen Nationalgefühls und wurden breit rezipiert. Tatsächlich sollte aber erst die gemeinsame Erfahrung der Befreiungskriege gegen Napoleon einige Jahre später dem Nationalismus der Deutschen einen entscheidenden Schub versetzen. Obwohl auch nach 1815 zunächst kein Nationalstaat auf deutschem Boden entstand, bildeten sie bis zur Gründung des Kaiserreiches einen Fixpunkt, an dem sich die nationale Bewegung orientieren und den sie zur Bündelung ihrer Kräfte nutzen konnte.

6.2 Beispielklausur 2

6.2.1 Quelle und Aufgabenstellung

Die vorliegende Quelle wurde am 29. März 1890 in der britischen Satirezeitschrift „Punch“ veröffentlicht und trägt den Titel „Dropping the Pilot". Ins Deutsche übersetzt trägt die Quelle offiziell den Titel „Der Lotse geht von Bord". Anlass für die Veröffentlichung der Quelle war der Rücktritt Otto von Bismarcks von seinem Posten als Reichskanzler.

ABBILDUNG 6.1: 'DER LOTSE GEHT VON BORD', QUELLE: PUNCH, 29.3.1890.

Aufgaben:

1. Analysieren Sie die vorliegende Quelle.
2. Ordnen Sie die Quelle in den historischen Kontext bis zum Beginn des 20. Jahrhunderts ein.

3. Beurteilen Sie die Quelle in Bezug auf die politische Entwicklung des Deutschen Kaiserreiches unter Wilhelm II. und beziehen Sie sich dabei auch die Differenz zwischen dem englischen Originaltitel der Quelle und dessen deutscher Übersetzung.

6.2.2 Erwartungshorizont

Aufgabe 1

Die erste Aufgabe fordert die Analyse der Quelle. Bei der vorliegenden Quelle handelt es sich um eine Bildquelle, genauer gesagt um eine Karikatur. Darauf deuten sowohl der Umstand der Veröffentlichung in einer Satirezeitschrift als auch der zeichnerische Stil hin. Aus den Anmerkungen zur Quelle gehen bereits wichtige Informationen hervor, die ihr zur Beantwortung der W-Fragen benötigt. Ihr solltet zu den folgenden Ergebnissen kommen:

Autor/Urheber: John Tenniel

Quelle: Karikatur (Primärquelle), Titel – „Dropping the Pilot"

Ort und Datum der Veröffentlichung: 29. März 1890 in der britischen Satirezeitschrift „Punch"

Anlass: Rücktritt Otto von Bismarcks als Reichskanzler 1890

Ziel/Intention: Kritischer Blick auf das Geschehen – Perspektive Großbritanniens

Nach der Beantwortung der W-Fragen widmet ihr euch der Bildbeschreibung. Da es sich hier um eine Bildquelle handelt, entfällt eine Einteilung in Sinnabschnitte. Stattdessen müsst ihr untersuchen, welche Bildelemente im Vordergrund, Mittelgrund und Hintergrund zu sehen sind, und welche Elemente besonders hervorgehoben werden.

Allgemein fällt auf, dass die Karikatur sehr einfach gehalten ist. Es handelt sich um eine schlichte Zeichnung in schwarz-weiß. In diesem Fall macht eine Einteilung der Karikatur in Vordergrund und Hintergrund Sinn, da dazwischen nicht viel zu sehen ist.

Im Vordergrund ist ein alter Mann zu sehen, der eine Leiter von einem großen Schiff hinabsteigt. Unterhalb der Leiter ist eine Planke mit einem Beiboot zu sehen. Der alte Mann hält sich mit einer Hand am Geländer, mit der anderen an der Außenseite des Schiffes fest. Er trägt eine Steuermannsuniform, eine Matrosenmütze und schwere Stiefel. Sein Blick ist sehr ernst. Aufgrund der Gesichtszüge ist er eindeutig als Otto von Bismarck zu erkennen. Im Hintergrund ist ein weiterer Mann zu sehen. Er ist jünger als der Mann im Vordergrund, lehnt sich auf die Reling des Schiffes und schaut dem alten Mann hinterher. Im Gegensatz zu Bismarck ist sein Gesichtsausdruck nicht finster, sondern entspannt. Dieser Mann trägt neben einer Admiralsuniform auf dem Kopf eine Krone mit einem Adler darauf. Er ist eindeutig als Kaiser Wilhelm II. identifizierbar.

Aufgabe 2

Die Einordnung der Quelle in den historischen Kontext soll bis zum Beginn des 20. Jahrhunderts reichen, ihr seid also in der Wahl eures Endzeitpunkts flexibel. Da die Quelle sich mit dem Rücktritt Bismarcks als Reichskanzler beschäftigt, solltet ihr mit der Beschreibung des Kontextes bei der Reichsgründung 1871 beginnen, da Bismarck dieses Amt dort übernommen hat.

Zeitgeschehen vor der Quelle:

Bismarcks europäische Bündnispolitik: Von 1871 bis 1888 leitete Otto von Bismarck als Reichskanzler unter Kaiser Wilhelm I. die Regierungsgeschäfte. Bismarck setzte außenpolitisch auf eine defensive europäische Bündnispolitik, zunächst unter Verzicht auf eine deutsche Kolonialpolitik. Seine Ziele waren einerseits der Machterhalt des Deutschen Reiches im Verhältnis zu den europäischen Großmächten und andererseits die politische Isolation Frankreichs.

Datum	**Thema**	**Erläuterung**
1879	Zweibund	Defensivbündnis zwischen dem Deutschen Reich und Österreich-Ungarn.
1881	Dreikaiserbund	Neutralitätsabkommen zwischen Russland, dem Deutschen Reich und Österreich-Ungarn.
1882	Dreibund	Beitritt Italiens zum Zweibund.
1887	Rückversicherungs-vertrag	Russland und das Deutsche Reich verpflichten sich zur gegenseitigen Neutralität im Kriegsfall.
1890	Kolonialabkommen	Regelt die Auseinandersetzungen zwischen dem Deutschen Reich und Großbritannien in Bezug auf Kolonialansprüche.

Bismarcks Innenpolitik: Innenpolitisch ging Bismarck u. a. gegen die katholische Kirche vor, um ihren Einfluss und den der katholischen Zentrumspartei auf die Politik einzudämmen. Außerdem versuchte er, sozialistische Politiker und Parteien in jeglicher Form zu bekämpfen. Um seinen politischen Rückhalt zu sichern und der Sozialdemokratie entgegenzuwirken, setzte Bismarck ab 1883 auf eine Sozialpolitik, mit der die deutschen Arbeiter und Angestellten unterschiedlichen Versicherungsschutz erhielten.

Datum	**Thema**	**Erläuterung**
Ab 1871	Kulturkampf	Versuch Bismarcks, den Einfluss vor allem der katholischen Kirche und der Zentrumspartei auf die deutsche Politik einzudämmen.
1878	Sozialistengesetze	Vorgehen gegen sozialistische Politiker, Vereine und Verbände. Zeitweiliges Verbot von Parteien, Verfolgung sozialistischer Politiker.
1883-1891	Sozialgesetze	Krankenversicherung (1883), Unfallversicherung (1884) und Rentenversicherung (1891).

Deutung der Quelle:

Die Karikatur wählt als metaphorischen Schauplatz ein Schiff. Der alte Mann, der das Schiff verlässt, ist Otto von Bismarck, der von seinem Posten als Reichskanzler zurücktritt. Ihn erkennt man an seinem Alter und den Gesichtszügen. Der Mann, der ihm hinterherschaut, ist Kaiser Wilhelm II., der 1888 Kaiser des Deutschen Reiches geworden war. Das Schiff als Schauplatz hat mit der Allegorie des Staatsschiffs, welches gelenkt werden muss, zu tun. Nach dem Rücktritt Bismarcks kam es unter Wilhelm II. zu einem politischen Kurswechsel. Der Begriff Kurswechsel kommt ursprünglich aus der Schifffahrt und der Navigation. Der Pilot oder Lotse, wie Bismarck im deutschen Titel der Karikatur genannt wird, hat die Aufgabe, ein Schiff sicher über das Meer zu navigieren. Übertragen auf Bismarcks Funktion als Reichskanzler bedeutet das, dass Bismarck das Deutsche Reich von 1871 bis 1890, rückblickend auf seine europäische Bündnis- und die innere Sozialpolitik, vorausschauen und sicher geführt und 'gelotst' hat. Mit Wilhelm II. folgte ab 1888 ein Kaiser, der die Regierungsgeschäfte nicht länger an seinen Reichskanzler übertragen, sondern selber direkten Einfluss auf die Politik ausüben wollte. Zum Bruch mit Bismarck kam es 1890 wegen des Sozialistengesetzes, mit dem Bismarck sozialistische Einflüsse im Deutschen Reich zurückdrängen wollte. Wilhelm II. verlängerte das Gesetz nicht, und Bismarck verlor den Rückhalt des Kaisers. Ihm wurde nahegelegt, von seinem Amt als Reichskanzler zurückzutreten, was er dann auch tat. Zeitgeschehen nach der Quelle: Wilhelm II. - Neuer politischer Kurs:

Wilhelm II. bevorzugte im Gegensatz zu Otto von Bismarck eine deutlich aggressivere Europapolitik, in die er sich zudem mehr und mehr selbst einmischte. Hierzu zählte u. a. die Kolonial- und die Flottenpolitik. Das führte dazu, dass sich das deutsche Bündnissystem langsam auflöste. Dadurch nahm das Konfliktpotenzial zwischen den europäischen Mächten enorm zu. Das Deutsche Reich verlor seine vorteilhafte Stellung innerhalb des europäischen Mächtesystems.

Datum	**Thema**	**Erläuterung**
18.3.1890	Entlassungsgesuch Bismarcks	
Ab 1890	Deutsche Flottenpolitik	Aufbau einer Hochseeflotte in Konkurrenz zu Großbritannien. Keine Erneuerung des Rückversicherungsvertrages mit Russland.
Ab 1892	Bündnisse und Konflikte zwischen europäischen Mächten	
1892	Bündnis zwischen Russland und Frankreich	Frankreich politisch nicht mehr isoliert.
1898	Faschoda-Krise (Sudan)	Kollision kolonialer Interessen Frankreichs und Englands in Afrika. Wider Erwarten friedliche Einigung, damit wichtige Voraussetzung für spätere Entente cordiale.
1904	Entente cordiale	Regelung des Kolonialkonfliktes zwischen Frankreich und Großbritannien.

Datum	Thema	Erläuterung
1904-1906	Erste Marokko-Krise	Auseinandersetzung um Einfluss Frankreichs und Deutschlands in Marokko. Folge: Deutschland zunehmend isoliert.
1907	Triple Entente	Bündnis Russlands, Frankreichs und Großbritanniens als Gegenbündnis zum Dreibund.
1911	Zweite Marokko-Krise	Deutsches Kanonenboot „Pantherfährt zwecks Einschüchterung Frankreichs nach Agadir. Ziele werden nicht erreicht. Großer Ansehensverlust Wilhelms II. innerhalb des Deutschen Reiches und Europas.

Aufgabe 3

Die Karikatur nimmt einen kritischen Blick auf den politischen Kurswechsel ein, der sich 1890 mit der Entlassung Bismarcks als Reichskanzler vollzogen hatte. Die Briten befürworteten Bismarcks Politik der Sicherung und Machterhaltung und zweifelten an den außenpolitisch deutlich expansiveren Plänen Wilhelms II. Die Zeitschrift „Punch"wählte mit „Dropping the Pilotëinen Titel, der Spielraum in der Interpretation lässt. Ihrer Ansicht nach hat der Kaiser Wilhelm II. den Reichskanzler Bismarck entlassen bzw. metaphorisch von Bord geworfen. Die deutsche Übersetzung „Der Lotse geht von Bord"hingegen suggeriert, dass Bismarck sein Amt freiwillig niedergelegt habe. Die Wahrheit liegt irgendwo dazwischen, denn Bismarck wollte sein Amt nicht niederlegen, musste das aber tun, da er den politischen Rückhalt Wilhelms II. verloren hatte. Der Rücktritt aus dem Amt kann also als 'würdevoller Abgang' und die Übersetzung als Geste des Respekts vor Bismarck interpretiert werden. Die kritische Perspektive, die die Zeitschrift mit der Karikatur auf das Geschehen um 1890 einnahm, erwies sich im Nachhinein betrachtet als angebracht, denn die Endphase des Imperialismus und das Konfliktpotenzial der europäischen Mächte mündeten 1914 im Ersten Weltkrieg.

6.3 Beispielklausur 3

6.3.1 Quelle und Aufgabenstellung

Quelle 1:

Der Artikel erschien am 29. Juni 1914 in der Wiener Tageszeitung „Reichspost", einen Tag nach der Ermordung des österreich-ungarischen Thronfolgers Franz Ferdinand durch serbische Attentäter in Sarajevo, der Hauptstadt Bosniens.

Die Ermordung des Thronfolgers und seiner Gemahlin.

Man kann das Ungeheuerliche gar nicht fassen. Unser Erzherzog-Thronfolger, der Mann, an den die Völker des Habsburgerreiches all ihre Hoffnungen, ihre ganze Zukunft gehängt haben, er ist nicht mehr. [...] Einem Meuchelmorde sind Erzherzog Franz Ferdinand und die Herzogin von Hohenberg zum Opfer gefallen in dem Augenblicke, da sie als Repräsentanten des Kaisers, der Monarchie dem Volke Bosniens ihren Gruß entboten hatten. Die Exponenten einer wahnwitzigen großserbischen Propaganda haben den edelsten und den ersten Vertreter des großen Reichsgedankens zum Opfer erkoren. Gerade derjenige, der stets bestrebt war, Rücksichten zu üben und Schonung jenen gegenüber, die aus falschen Voraussetzungen heraus den Weg des Irrtums und des Verrates an dem eigenen Vaterlande betreten haben. Der Fürsprecher der Verirrten ist gemeuchelt worden. Durch zwei Schüsse aus einem Browningrevolver in der Hand eines großserbischen Eraltados fielen heute Vormittag der Thronfolger und seine Gemahlin.

Blutenden Herzens muß man verzeichnen, daß der Mörder jenem Volksstamme angehört, der sich seit jeher der größten Aufmerksamkeit und auch des größten Wohlwollens und wohl auch der Nachsicht gerade unseres Erzhauses erfreute. Mit einem wohlvorbereiteten Anschlage hat man es hier zu tun, mit einem Attentate, das in der Person des Erzherzog-Thronfolgers die Staatsidee treffen wollte. Eine verruchte Hand hat den Revolver gegen den Thronagnaten erhoben, hat die tödliche Kugel in den Leib jenes gesendet, in dem man die Verkörperung der großen habsburgischen Idee erblickte. Eine Verschwörung hat jugendliche Menschen in den Vordergrund geschoben, hat sie zu dem Morde veranlaßt. Betört hat ein Neunzehnjähriger das Züngel des Revolvers abgedrückt an Stelle von Dutzenden, Hunderten, die an der Losreißung Bosniens und der Herzegowina vom Kaiserthrone seit Jahrzehnten schon tätig sind. [...]

Ein schweres Schicksal hat die Habsburgermonarchie wieder betroffen, hat unseren greisen Kaiser bis ins Herz erschüttert. Kronprinz Rudolf und Kaiserin Elisabeth schlossen ihre Augen vor der Zeit, seine Allernächsten sah Franz Josef fallen, einsam und entlaubt steht unser Kaiser heute auf seiner verantwortungsvollen Stelle. Kein menschliches Weh hat den Kaiser verschont. Alle menschlichen Qualen haben sein gütiges Herz zerrissen, haben ihn heimgesucht, doch nichts war imstande, den Mann der restlosen Pflichterfüllung zum Verlassen seines Postens zu veranlassen. [...]

Erzherzog Franz Ferdinand ist nicht mehr; doch mögen jene nicht glauben, daß mit diesem Revolverschuß, der Erzherzog Franz Ferdinand getötet hat, auch seine große Idee vernichtet worden ist. Enger denn je werden sich die Völker Österreich-Ungarns um den erhabenen Thron des Habsburgers scharen, sie werden bewegten Herzens, doch festen und mannhaften Sinnes das Gelübde der Treue erneuern, mit Gut und Blut einzustehen für den Glanz der Habsburger Krone und die Ehre des Reiches. Die Schüsse von Sarajevo werden in diesen Herzen ihr Echo finden. Sie werden uns an die Pflicht gemahnen, mit vollem Einsatze jenem Ziele zuzustreben, welches das des gemeuchelten Thronfolgers war.

Quelle: Die Ermordung des Thronfolgers und seiner Gemahlin, in: Reichspost. Unabhängiges Tagblatt für das christliche Volk Österreich-Ungarns, Nr. 298, 29.6.1914, S. 1 ff.

Quelle 2:

Kaiser Wilhelm wandte sich mit dieser Rede kurz nach Beginn des Ersten Weltkrieges an das deutsche Volk. Er hielt sie am 6. August 1914 in Berlin, am 7. August wurde sie in allen deutschen Zeitungen veröffentlicht. Im Januar 1918 ließ er nachträglich eine Tonaufnahme der Rede anfertigen.

An das deutsche Volk!

Seit der Reichsgründung ist es durch 43 Jahre Mein und Meiner Vorfahren heißes Bemühen gewesen, den Weltfrieden zu erhalten und im Frieden unsere kraftvolle Entwicklung zu fördern. Aber die Gegner neiden uns den Erfolg unserer Arbeit. Alle offenkundige und heimliche Feindschaft von Ost und West und von jenseits der See haben wir bisher ertragen im Bewußtsein unserer Verantwortung und Kraft, nun aber will man uns demütigen. Man verlangt, daß wir mit verschränkten Armen zusehen, wie unsere Feinde sich zu tückischem Überfall rüsten, man will nicht dulden, daß wir in entschlossener Treue zu unserem Bundesgenossen stehen, der um sein Ansehen als Großmacht kämpft und mit dessen Erniedrigung auch unsere Macht und Ehre verloren ist.

So muß denn das Schwert entscheiden. Mitten im Frieden überfällt uns der Feind. Nun auf zu den Waffen! Jedes Schwanken, jedes Zögern wäre Verrat am Vaterland!

Um Sein oder Nichtsein unseres Reiches handelt es sich, das unsere Väter sich neu gründeten, um Sein oder Nichtsein deutscher Macht und deutschen Wesens. Wir werden uns wehren bis zum letzten Hauch von Mann und Roß. Und wir werden diesen Kampf bestehen, auch gegen eine Welt von Feinden. Noch nie ward Deutschland überwunden, wenn es einig war. Vorwärts mit Gott, der mit uns sein wird, wie er mit den Vätern war!

Quelle: Deutscher Reichsanzeiger und Königlich Preussischer Staatsanzeiger, Nr. 183, 6.8.1914, S. 1.

Aufgaben:

1. Analysieren Sie beide Quellen unabhängig voneinander.
2. Ordnen Sie die beiden Quellen in den Kontext der europäischen Verhältnisse seit der Entlassung Otto von Bismarcks als Reichskanzler bis zum Beginn des Ersten Weltkrieges ein.
3. Beurteilen Sie die beiden Quellen und gehen Sie dabei besonders darauf ein, in welcher Verbindung diese zueinander stehen.

6.3.2 Erwartungshorizont

Aufgabe 1

Die Aufgabenstellung fordert eine Analyse der beiden Quellen unabhängig voneinander. Das bedeutet, ihr sollt die beiden Quellen der Reihe nach analysieren. Mit welcher Quelle ihr beginnt, ist euch überlassen. Es empfiehlt sich allerdings, chronologisch vorzugehen. Zunächst fällt auf, dass die beiden Quellen unterschiedliche Typen darstellen.

Bei der ersten Quelle handelt es sich um einen Zeitungsartikel. Die „[...]ßeigen an, dass es sich bei dem Artikel um eine gekürzte Version der Quelle handelt. Das müsst ihr bei der Bestimmung der Quellenform unbedingt mit angeben! Die Beantwortung der W-Fragen ergibt hier folgendes:

Autor/Urheber: Reichspost (Österreich-Ungarn)

Thema und Form der Quelle: Auszüge aus einem Zeitungsartikel (Primärquelle) – Bericht über die Ermordung des österreich-ungarischen Thronfolgers Franz-Ferdinand

Ort und Datum: 29. Juni 1914 in Wien

Anlass: Ermordung des österreich-ungarischen Thronfolgers Franz-Ferdinand in Sarajevo

Ziel/Intention: Trauer um den Verstorbenen; Verteidigung der Reichsidee; Benennung der Verantwortlichen; Mobilisierung der Bevölkerung

Adressaten: die Bevölkerung Österreich-Ungarns

Die Quelle ist durch Absätze vorstrukturiert und lässt sich so gut in vier große Sinnabschnitte einteilen.

Abschnitt 1 (Z. 1-15): Im ersten Abschnitt wird von der Ermordung des österreich- ungarischen Thronfolgers Franz-Ferdinand bei einem Besuch in der bosnischen Hauptstadt Sarajevo berichtet. Dessen Rolle im Staat und vor Ort wird dabei charakterisiert. Danach wird zum einen der Tathergang geschildert, zum anderen werden die Mörder als serbische Attentäter bezeichnet, die im Auftrag einer Bewegung, die an der Unabhängigkeit Serbiens von Österreich-Ungarn interessiert ist, gehandelt haben.

Abschnitt 2 (Z.16-28): Im zweiten Abschnitt wird detaillierter auf die Motivation der Mörder, nämlich die Schwächung Österreich-Ungarns, eingegangen. Es ist von einer Verschwörung die Rede, hinter der hochrangige Mitglieder der serbischen Bevölkerung stünden, die junge Leute aus dem eigenen Volk dazu angestachelt hätten, das Attentat vorzubereiten und durchzuführen.

Abschnitt 3 (Z. 29-36): Im dritten Absatz wird das Leid des österreich- ungarischen Kaisers geschildert. Der Kaiser habe eine Menge seelischer Schmerzen hinnehmen müssen, aber habe trotzdem nie die Pflichten seines Amtes vernachlässigt.

Abschnitt 4 (Z. 37-46): Im vierten Absatz wird die Loyalität der Völker der Habsburgermonarchie gegenüber Staat und Kaiser bekräftigt. Das Ansehen Österreich-Ungarns soll bewahrt und verteidigt werden.

Bei der zweiten Quelle handelt es sich um eine Rede, die wenig später, also kurz nach dem Beginn des Ersten Weltkrieges, gehalten wurde. Die Beantwortung der W-Fragen sieht hier wie folgt aus:

Autor/Urheber: : Kaiser Wilhelm II.

Thema und Form der Quelle: Rede zum Beginn des Ersten Weltkrieges (Primärquelle)

Ort und Datum: 6. August 1914 in Berlin, am 7. August 1914 in vielen deutschen Zeitungen veröffentlicht

Anlass: Beginn des Ersten Weltkrieges

Ziel/Intention: Rechtfertigung für Krieg; Mobilisierung der deutschen Bevölkerung als Nation für den Krieg; Ausdruck der Solidarität zu Österreich-Ungarn

Adressaten: die Bevölkerung des Deutschen Kaiserreiches

Nun folgt die Einteilung der Sinnabschnitte. Da die Rede relativ kurz ist, reicht eine Einteilung in drei Abschnitte:

Abschnitt 1 (Z. 1-11): Zu Beginn des Artikels berichtet Wilhelm II. von den Friedensbemühungen, die ihn und seine Vorfahren in der Vergangenheit geleitet hätten. Die anderen europäischen Großmächte seien dem Deutschen Reich hingegen feindlich gesonnen und neideten ihm seine Erfolge. Wilhelm II. spricht sich für die Solidarität zu Österreich-Ungarn aus. Er möchte Österreich-Ungarn dabei helfen, sein Ansehen als Großmacht zurückzugewinnen.

Abschnitt 2 (Z. 12-14): Der zweite Abschnitt besteht lediglich aus vier kurzen Sätzen. Wilhelm ist der Ansicht, dass nur eine kriegerische Lösung in Betracht gezogen werden kann. Er ruft zu den Waffen und mobilisiert die deutsche Bevölkerung als Nation. Zweiflern wirft er Verrat vor.

Abschnitt 3 (Z. 15-20): Wilhelm spricht davon, dass das Deutsche Reich von Feinden umgeben sei und sich in einer beengenden Lage befinde. Bei dem Krieg gehe es nicht nur um die Existenz Deutschen Reiches, sondern auch um die des Deutschen Volkes. Doch er ist sich sicher, den Krieg zu gewinnen, und beruft sich dabei auf Gottes Beistand.

Aufgabe 2

Zeitgeschehen vor den Quellen:

In der Aufgabenstellung wird gefordert, bei der Beschreibung des Kontextes mit dem Jahr 1890 zu beginnen. Folgende historische Entwicklungen solltet ihr in die Beschreibung mit aufnehmen:

Der politische Kurs Kaiser Wilhelms II.: Wilhelm II. befürwortete im Gegensatz zu Bismarck, der auf Kolonien weitgehend verzichtete und bestrebt war, die Stellung des Deutschen Reiches in Europa durch Bündnisse zu stärken, eine deutlich aggressivere Außenpolitik. Ziel war es, Deutschland zu einer Weltmacht zu machen, Zudem vernachlässigte er das von

Bismarck aufgebaute Bündnissystem. So gelang es Frankreich, aus seiner Isoliertheit zu entkommen und selber Bündnisse mit anderen europäischen Großmächten abzuschließen. Die Kolonialpolitik spitzte sich in der Endphase des Imperialismus außerdem sehr stark zu, und es kam auch in Europa selbst zu Konflikten und neuen Bündnis-Konstellationen zwischen den europäischen Großmächten. Einige wichtige Ereignisse haben wir schon bei Beispielklausur 2 vorgestellt. Hier folgen noch ein paar mehr.

Datum	Thema	Erläuterung
1908	Bosnische Krise	Annexion der zum Osmanischen Reich gehörenden Teile von Bosnien und der Herzegowina durch Österreich-Ungarn. Verstimmung in Russland, Serbien und im Osmanischen Reich.
1912-1913	Erster und Zweiter Balkankrieg	Krieg zwischen Serbien, Griechenland und Bulgarien auf der einen sowie dem Osmanischen Reich auf der anderen Seite. Als Folge Ende der osmanischen Beherrschung von Teilen Südosteuropas. Im Anschluss Krieg der Sieger untereinander, Rumäniens und des Osmanischen Reiches um die Beute.

Deutung der Quelle 1:

Bericht zur Ermordung Franz-Ferdinands aus der österreich-ungarischen Perspektive. Die serbischen Bestrebungen einer Unabhängigkeit von Österreich-Ungarn werden dämonisiert und abgetan. Der Artikel suggeriert eine unüberwindbare Treue und Loyalität zum eigenen Vaterland. Ziele und Ideale des Vaterlandes und des Kaisers sollen notfalls mit dem eigenen Blut verteidigt werden. Die Wortwahl des Artikels zeigt, dass die politische Stimmung in Europa zu dem Zeitpunkt bereits stark angespannt war. Es wird jedoch auch deutlich, dass Österreich-Ungarn das Attentat nicht als gesamt-europäischen Konflikt sieht, sondern es als zwischenstaatliches Problem mit Serbien definiert.

Zeitgeschehen zwischen den Quellen:

Nach dem Sarajevo-Attentat spitzte sich die konfliktbeladene Lage in Europa innerhalb eines Monats in der sogenannten „Julikrise" stark zu und führt schließlich zur Auslösung der komplexen Bündnisverpflichtungen der europäischen Großmächte. Dies mündet im Ersten Weltkrieg. Dazu hier nur wenige wichtige Punkte; der komplette Ablauf würde den Rahmen dieses Heftes sprengen.

Datum	Thema	Erläuterung
6.7.1914	„Blankoscheck"	Deutsches Reich sichert Österreich-Ungarn telegraphisch bedingungslose Unterstützung zu.
23.7.1914	Ultimatum Österreich-Ungarns an Serbien	Unannehmbare Forderungen.
25.7.1914	Serbien akzeptiert Ultimatum weitgehend	Österreich-Ungarn jedoch unbefriedigt.

Datum	Thema	Erläuterung
28.7.1914	Österreich-Ungarn erklärt Serbien den Krieg	
29.7.1914	Russische Teilmobilmachung	
31.7.1914	Generalmobilmachung Russlands; Deutsches Reich stellt Ultimaten an Russland und Frankreich	
1.8.1914	Deutsche Generalmobilmachung und Kriegserklärung an Russland	
1.8.1914	Deutsches Ultimatum an Belgien und Besetzung Luxemburgs	
3.8.1914	Deutsches Reich erklärt Frankreich den Krieg.	
4.8.1914	Deutscher Einmarsch in Belgien; Großbritannien erklärt Deutschland den Krieg	
6.8.1914	Österreich-Ungarn erklärt Russland den Krieg	
8.8.1914	Großbritannien erklärt Österreich-Ungarn den Krieg	

Deutung von Quelle 2:

Wilhelm II. behauptet, dass er stets um Frieden bemüht war und bekundet seine Solidarität zu Österreich-Ungarn, das in der Quelle unter der Bezeichnung „Bundesgenosse"genannt wird. Die anderen europäischen Großmächte, Frankreich, Großbritannien und Russland werden als „Feinde"bezeichnet. Vorab hatte das Deutsche Reich Frankreich und Russland den Krieg erklärt, woraufhin ihm von Großbritannien ebenfalls der Krieg erklärt wurde.

Wilhelm sieht keine andere Lösung als den Kampf. Er vertraut auf den Beistand Gottes. Wilhelm II. verwendet häufig das Wort „wir". Damit schließt er die gesamte deutsche Bevölkerung mit ein und möchte sie als vereinte Nation gegen die anderen europäischen Großmächte mobilisieren.

Aufgabe 3

Nachdem das auf Gleichgewicht bedachte Bündnissystem Bismarcks in den Jahren nach seiner Entlassung 1890 zusammengebrochen war, hatte sich in Europa ein durch wechselseitige Verpflichtungen zur Unterstützung im Kriegsfall gekennzeichnetes System von Einzelbündnissen entwickelt. Nach einer Periode der Krisen und begrenzten kriegerischen Handlungen, aber ohne direkte Einbeziehung der Großmächte, gab es in allen Lagern Protagonisten, die nicht mehr vor einem großen Krieg zurückschreckten. Einmal ausgelöst, bildete das Bündnissystem für die beteiligten Mächte die Rechtfertigung, sich an dem Krieg zu beteiligen. Die genauen Hintergründe und Verantwortlichkeiten werden in der Geschichtswissenschaft noch immer kontrovers diskutiert.

An einer Hauptschuld des Krieges auf Seiten Österreich-Ungarns und des Deutschen Reiches bestehen jedoch wenig Zweifel.

Die beiden Quellen bilden damit den Anfangs- bzw. den Endpunkt der sogenannten „Julikrise", einer Kette von Ereignissen, die aufeinander aufbauten und im Ersten Weltkrieg mündeten. Das Attentat von Sarajewo gilt in der Forschung als Auslöser für die „Julikrise" und damit indirekt für den Krieg.

An den unterschiedlichen Intentionen der Quellen wird gleichzeitig die Ausweitung des Konfliktes deutlich. Der Artikel zum Sarajewo-Attentat ist zunächst nur gegen Serbien gerichtet. Da Serbien für den Kriegsfall die Unterstützung Russlands zugesichert bekommen hatte, weitete sich die Krise schnell auf ganz Europa aus. Das Deutsche Reich bekundete seine uneingeschränkte Solidarität für Österreich-Ungarn und ging damit ohne Not über die Verpflichtungen des defensiv ausgerichteten Dreibundes hinaus. Das wird in der Rede Wilhelms II. deutlich, für den die Auseinandersetzung keine bloße österreich-ungarische Frage, sondern ein Schicksalskampf des Deutschen Volkes gegen eine Welt von Feinden war. Die Eskalation der Politik spiegelt sich damit auch in der Eskalation der Sprache wider. Beide Quellen zeigen letztlich, wie konfliktbeladen die europäische Gesamtsituation zu Beginn des 20. Jahrhunderts war. Außerdem zeigt die zeitliche Nähe der beiden Quellen zueinander, in welcher auch für die Zeitgenossen atemberaubenden Geschwindigkeit die Situation eskalieren und zu einem Weltkrieg ausarten konnte.

7 Inhaltsfeld 2: Die moderne Industriegesellschaft

7.1 Beispielklausur 1

7.1.1 Quelle und Aufgabenstellung

Am 9.11.1918 um 14 Uhr rief der SPD-Politiker Philipp Scheidemann aus einem Fenster des Reichstages die 'Deutsche Republik' aus, kurz nachdem der vormalige Reichskanzler Max von Baden die Abdankung Kaiser Wilhelms II. bekannt gegeben hatte. Nur etwa zwei Stunden später rief der Anführer des Spartakusbundes (ein Teil der späteren KPD), Karl Liebknecht, vom Balkon des Berliner Stadtschlosses die 'freie sozialistische Republik Deutschland' aus.

Quelle 1 - SPD-Politiker Philipp Scheidemann:

„Arbeiter und Soldaten!

Furchtbar waren die vier Kriegsjahre. Grauenhaft waren die Opfer, die das Volk an Gut und Blut hat bringen müssen. Der unglückselige Krieg ist zu Ende. Das Morden ist vorbei. Die Folgen des Krieges, Not und Elend, werden noch viele Jahre auf uns lasten. Die Niederlage, die wir unter allen Umständen verhüten wollten, ist uns nicht erspart geblieben, weil unsere Verständigungsvorschläge sabotiert wurden, wir selbst wurden verhöhnt und verleumdet.

Die Feinde des werktätigen Volkes, die wirklichen „inneren Feinde“, die Deutschlands Zusammenbruch verschuldet haben, sind still und unsichtbar geworden. Das waren die Daheimkrieger, die ihrer Eroberungsforderungen bis zum gestrigen Tage ebenso aufrechterhielten, wie sie den verbissensten Kampf gegen jede Reform der Verfassung und besonders des schändlichen preußischen Wahlsystems geführt haben. Diese Volksfeinde sind hoffentlich für immer erledigt. Der Kaiser hat abgedankt. Er und seine Freunde sind verschwunden. Über sie alle hat das Volk auf der ganzen Linie gesiegt!

Der Prinz Max von Baden hat sein Reichskanzleramt dem Abgeordneten Ebert übergeben. Unser Freund wird eine Arbeiterregierung bilden, der alle sozialistischen Parteien angehören werden. Die neue Regierung darf nicht gestört werden in ihrer Arbeit für den Frieden, in der Sorge um Brot und Arbeit. Arbeiter und Soldaten! Seid euch der geschichtlichen Bedeutung dieses Tages bewußt. Unerhörtes ist geschehen. Große und unübersehbare Arbeit steht uns bevor. Alles für das Volk, alles durch das Volk! Nichts darf geschehen, was der Arbeiterbewegung zur Unehre gereicht! Seid einig und pflichtbewußt! Das Alte und Morsche, die Monarchie ist zusammengebrochen. Es lebe das Neue! Es lebe die Deutsche Republik!"

Quelle: Lautemann, Wolfgang und Schlenke, Manfred (Hg.), Geschichte in Quellen, Weltkriege und Revolutionen 1914-1945, München 1961, S. 114.

Quelle 2 - Karl Liebknecht (Spartakusbund):

„[...] der Tag der Freiheit ist angebrochen. Nie wieder wird ein Hohenzoller diesen Platz betreten. Vor 70 Jahren stand hier am selben Ort Friedrich Wilhelm und mußte vor dem Zug der auf den Barrikaden Berlins für die Sache der Freiheit Gefallenen, vor den fünfzig blutüberströmten Leichnamen, seine Mütze abnehmen. Ein anderer Zug bewegt sich heute hier vorüber. Es sind die Geister der Millionen, die für die heilige Sache des Proletariats ihr Leben gelassen haben. [...] Parteigenossen, ich proklamiere die freie sozialistische Republik Deutschland, die alle Stämme umfassen soll, in der es keine Knechte mehr geben wird, in der jeder ehrliche Arbeiter den ehrlichen Lohn seiner Arbeit finden wird. Die Herrschaft des Kapitalismus, der Europa in ein Leichenfeld verwandelt hat, ist gebrochen. Wir rufen unsere russischen Brüder zurück. Sie haben bei ihrem Abschied zu uns gesagt: Habt ihr in einem Monat nicht das erreicht, was wir erreicht haben, so wenden wir uns von Euch ab. Und nun hat es kaum vier Tage gedauert.

Wenn auch das Alte niedergerissen ist [...], dürfen wir doch nicht glauben, daß unsere Aufgabe getan sei. Wir müssen alle Kräfte anspannen, um die Regierung der Arbeiter und Soldaten aufzubauen und eine neue staatliche Ordnung des Proletariats zu schaffen, eine Ordnung des Friedens, des Glücks und der Freiheit unserer deutschen Brüder und unserer Brüder in der ganzen Welt. Wir reichen ihnen die Hände und rufen sie zur Vollendung der Weltrevolution auf. [...] Hoch die Freiheit und das Glück und der Frieden!"

Quelle: Ausrufung der sozialistischen Republik durch Karl Liebknecht, 9.11.1918, in: Longerich, Peter (Hg.), Die Erste Republik. Dokumente zur Geschichte des Weimarer Staates, München 1992, S. 46 f.

Aufgaben:

1. Analysieren Sie die beiden Quellen unabhängig voneinander.
2. Stellen Sie beide Quellen in den historischen Kontext des Endes des Ersten Weltkrieges 1918.
3. Bewerten Sie die beiden Quellen vor dem Hintergrund der historischen Entwicklungsgeschichte der Weimarer Republik. Gehen Sie dabei auch auf die Gemeinsamkeiten und Unterschiede der Quellen ein.

7.1.2 Erwartungshorizont

Aufgabe 1

Die erste Aufgabe fordert, dass ihr die beiden vorliegenden Quellen unabhängig voneinander analysiert. Es ist euch überlassen, mit welcher Quelle ihr beginnt. Es empfiehlt sich jedoch, chronologisch vorzugehen.

Beide Quellen haben die Form einer Rede. Sie behandeln beide ein ähnliches Thema und wurden zudem am gleichen Tag gehalten. Wenn ihr in Bezug auf die Rede Philipp Scheidemanns die W-Fragen beantwortet, sollte sich folgendes ergeben:

Autor/Urheber: Philipp Scheidemann (SPD)

Thema und Form der Quelle: Rede (Primärquelle) zur 'Ausrufung der Deutschen Republik'

Ort und Datum: 9. November 1918, 14 Uhr im Reichstag in Berlin

Anlass: Ende des Ersten Weltkrieges/Abdankung Wilhelms II.

Ziel/Intention: Etablierung eines neuen politischen Systems auf demokratischer Basis

Adressaten: die deutsche Bevölkerung (Arbeiter und Soldaten)

Die erste Quelle lässt sich in drei Abschnitte einteilen:

Abschnitt 1 (Z. 1-6): Scheidemann spricht die deutschen Arbeiter und Soldaten direkt an. Er beurteilt die vier vergangenen Jahre des Ersten Weltkrieges als grausam und verlustreich und spricht davon, dass auch die Zukunft Deutschlands unter der Niederlage und den Folgen des Krieges zu leiden haben werde

Abschnitt 2 (Z. 7-14): Im zweiten Abschnitt spricht Scheidemann von den inneren Feinden Deutschlands, die den Verlauf des Krieges maßgeblich mitbestimmt hätten und für einen Großteil des Übels verantwortlich seien. Diese inneren Feinde seien mit der Abdankung des Kaisers nun verschwunden.

Abschnitt 3 (Z. 15-24): Im dritten Abschnitt wird der Übergang vom Deutschen Kaiserreich zur Deutschen Republik beschrieben. Scheidemann sagt, dass der ehemalige Reichskanzler Max von Baden sein Amt an den SPD-Politiker Friedrich Ebert übergeben habe und dieser nun eine Regierung bestehend aus allen sozialistischen Parteien bilden werde. Scheidemann spricht aber auch davon, dass in Zukunft eine Menge Arbeit auf die deutsche Bevölkerung zukommen werde, um etwas Neues aufzubauen. Bei allem werde das Volk im Mittelpunkt stehen

Bei der zweiten Rede ergibt die Beantwortung der W-Fragen folgendes:

Autor/Urheber: Karl Liebknecht (Spartakusbund)

Thema und Form der Quelle: Rede (Primärquelle) zur 'Ausrufung der freien sozialistischen Republik Deutschland'

Ort und Datum: 9. November 1918, ca. 16 Uhr vor dem Berliner Stadtschloss

Anlass: Ende des Ersten Weltkrieges/Abdankung Wilhelms II.

Ziel/Intention: Etablierung eines neuen politischen Systems auf sozialistischer Basis; Vollendung der Weltrevolution

Diese Quelle lässt sich ebenfalls in drei Sinnabschnitte einteilen:

Abschnitt 1 (Z. 1-7): Liebknecht spricht davon, dass in Deutschland nun Freiheit herrsche, die mit der Abdankung Wilhelms II. als Kaiser einhergehe. Diese Freiheit habe Deutschland den Menschen zu verdanken, die sich für das Proletariat eingesetzt und dabei ihre Leben verloren hätten. Er bezieht sich ausdrücklich auf die Revolution 1848 und stellt seine Rede als ihren Abschluss dar.

Abschnitt 2 (Z. 8-15): Im zweiten Abschnitt ruft Liebknecht die „Freie sozialistische Republik Deutschlandäus. Diese soll sich vor allem durch Gerechtigkeit und Ehrlichkeit gegenüber allen Arbeitern und Unterstützern auszeichnen und im Gegensatz zum Kapitalismus des Deutschen Kaiserreiches stehen.

Abschnitt 3 (Z. 16-22): Liebknecht fordert die deutschen Arbeiter dazu auf, eine neue staatliche Ordnung des Proletariats, basierend auf Glück und Frieden, aufzubauen. Als endgültiges Ziel benennt er eine sozialistische Weltrevolution.

Aufgabe 2

Die Aufgabenstellung fordert die Einordnung der Quellen in den Kontext des Endes des Ersten Weltkrieges. Ihr solltet also mit den Ereignissen beginnen, die in der Endphase des Krieges stattgefunden haben. Da beide Quellen zeitlich direkt aneinander anschließen, könnt ihr sie direkt hintereinander deuten und vergleichen.

Zeitgeschehen vor den Quellen:

Beim zeitlichen Geschehen vor den Quellen solltet ihr sowohl das Kriegsgeschehen in Europa als auch die innenpolitischen Entwicklungen in Deutschland in den Blick nehmen.

Datum	**Thema**	**Erläuterung**
6.4.1917	Kriegseintritt der USA	Das militärische und wirtschaftliche Potenzial der USA stärkt die Entente und sorgt langfristig für ihren Sieg über die Mittelmächte.
24.10. bzw. 6.11.1917	Oktoberrevolution in Russland	Bolschewiki übernehmen die Macht. Dekret über den Frieden.
8.1.1918	14-Punkte-Plan	US-Präsident Wilson entwirft eine demokratische Friedensordnung.
3.3.1918	Friedensvertrag von Brest-Litowsk	Russland schließt einen Separatfrieden mit den Mittelmächten ab und scheidet aus dem Krieg aus.
März-Juli 1918	OHL fordert von Kaiser und Kanzler Erbitten eines Waffenstillstandsgesuchs an die Entente	Militär schiebt Verantwortung für Niederlage auf Zivilisten.

Datum	Thema	Erläuterung
4.10.1918	Deutsches Waffenstillstandsgesuch an die Entente	
Oktober 1918	Auflösung der Realunion zwischen Österreich und Ungarn; Politischer und militärischer Zusammenbruch	Österreich-Ungarns Nationen erklären nach und nach ihre Selbständigkeit. Der Staat bricht auseinander.

Endphase des Krieges:

Datum	Thema	Erläuterung
Oktober 1918	Oktoberreformen	Deutschland wird zur parlamentarischen Monarchie. Nationale Regierung unter Einbezug aller politischen Parteien unter Reichskanzler Max von Baden.
1.11.1918	Zunächst Matrosenaufstand in Kiel, später Ausweitung zur Novemberrevolution	Bildung von Arbeiter- und Soldatenräten. Ausbreitung der Revolution über Gesamtdeutschland.
9.11.1918	Ende des Kaiserreiches	Reichskanzler Max von Baden verkündet unter politischem Druck eigenmächtig die Abdankung des Kaisers und übergibt das Amt des Reichskanzlers an den SPD-Vorsitzenden Friedrich Ebert.

Innenpolitische Entwicklung Deutschlands:

Quelle 1: Deutung der Rede Scheidemanns

Scheidemann beginnt seine Rede, indem er die Arbeiter und Soldaten anspricht. Er wendet sich also direkt an die aufständischen Revolutionäre. Dann blickt er auf die Kriegsjahre, die er als grauenhaft bezeichnet, zurück und erklärt den Krieg für beendet. Schuld an der Niederlage gibt er den 'inneren Feinden'. Damit meint er die Eliten des Deutschen Kaiserreiches und den Kaiser selbst, die das Land seiner Meinung nach von innen heraus zu Grunde gerichtet haben und auch für die deutsche Niederlage verantwortlich seien. Das Ende des Krieges und das Verschwinden der Eliten wertet er als 'Sieg des Volkes'. Als logische Folge sieht er die Ausrufung einer demokratischen Republik.

Quelle 2: Deutung der Rede Liebknechts

Liebknecht beruft sich historisch auf die Revolution von 1848, nach der in Deutschland mit dem Paulskirchenparlament erstmals ein demokratisches Staatssystem eingeführt wurde, auch wenn dieses nicht von langer Dauer war. Liebknecht beruft sich auch auf die gelungene Revolution in

Russland 1917, die für ihn als Vorbild gilt. Der Kommunist Lenin war vom Deutschen Kaiserreich finanziell unterstützt worden und schaffte es im Oktober 1917, die russische Zarenmonarchie zu stürzen und ein sozialistisches Regime zu errichten.

Liebknecht bezieht die Ungerechtigkeit und das Leid Deutschlands auf das nach kapitalistischen und nationalistischen Prinzipien regierte Deutsche Kaiserreich. Die Niederlage im Ersten Weltkrieg und die Flucht des Kaisers ins Exil markieren seiner Meinung nach den Niedergang des deutschen Kapitalismus und machen den Weg frei für die Etablierung eines neuen staatlichen Systems. Mit der Ausrufung der „freien sozialistischen Republik Deutschlandëntscheidet sich Liebknecht für eine radikalere Formulierung und determiniert das politische System, nachdem Deutschland zukünftig regiert werden solle, auf den Sozialismus. Die SPD hingegen lässt mit der Formulierung einer „Deutschen Republiknoch offen, nach welcher demokratischen Staatsform Deutschland zukünftig regiert werden soll.

Zeitgeschehen nach den Quellen:

Datum	**Thema**	**Erläuterung**
10.11.1918	Wilhelm II. flüchtet ins Exil in die Niederlande	
28.11.1918	Offizielle Abdankung des Kaisers	
5.-12.1.1919	„Spartakusaufstand" in Berlin	Massendemonstration in Berlin, die sich zum Aufstand unter Führung der USPD und KPD auswächst.
15.1.1919	Ermordung der Kommunistenführer Karl Liebknecht und Rosa Luxemburg durch Freikorps	Auslöser für Massenunruhen im ganzen Reich. Niederschlagung durch Freikorps und Reichswehr.
19.1.1919	Friedrich Ebert wird von der Nationalversammlung zum Reichspräsidenten gewählt	
13.2.1919	Philipp Scheidemann bildet die erste Reichsregierung	
14.8.1919	Weimarer Reichsverfassung verkündet	Parlamentarische Republik mit Reichspräsident als Oberhaupt. Mehrparteiensystem + Verhältniswahlrecht (allgemein, unmittelbar, gleich, geheim).

Aufgabe 3

Wenn ihr genau hingeschaut habt, werdet ihr bemerkt haben, dass in dieser Aufgabe erstmals der Operator „bewerten“ und nicht der Operator „beurteilen“ benutzt wird. Achtet in der Abiturprüfung genau auf solche Feinheiten, denn Sie sorgen für einen großen Unterschied darin, was eure Lehrer von euch fordern. Schauen wir uns also noch einmal an, was „bewerten“ in diesem Zusammenhang bedeutet:

„Wie Operator „beurteilen", aber zusätzlich mit Offenlegen und Begründen eigener Wertmaßstäbe, die Pluralität einschließen und zu einem Werturteil führen, das auf den Wertvorstellungen des Grundgesetzes basiert.“[1]

Hier ist also nicht nur eine Darstellung des „Stellenwert[s] historischer Sachverhalte in einem Zusammenhang“[2] gefordert, sondern eure individuelle Bewertung der Quellen und der darin geschilderten Vorgänge. Das heißt keinesfalls, dass es hier nur darum geht, einfach eure Meinung kundzutun – ihr müsst die Maßstäbe, auf die ihr eure Meinung aufbaut, benennen und euch darauf beziehen. Zunächst ist es aber wichtig, ein Sachurteil zu formulieren. Dies könnte folgendermaßen aussehen:

> Beide Quellen sind als direkte Folge der Novemberrevolution zu bewerten. Da es sich bei den Aufständischen hauptsächlich um Arbeiter und Soldaten handelte, ist es eine logische Folge, dass die sozialistisch orientierte Partei SPD und der kommunistische Spartakusbund unabhängig voneinander versucht haben, die Aufstände durch die Ausrufung der Republik in die ihren jeweiligen ideologischen Grundsätzen entsprechenden Bahnen zu lenken. Diese Grundsätze unterschieden sich voneinander. Zwar war auch die SPD zur damaligen Zeit noch eine Partei, die sozialistische Ideale verkörperte, dennoch war sie in ihrem Streben weniger radikal als die spätere KPD und fand daher auch mehr gesellschaftlichen Zuspruch. Während die SPD auf eine parlamentarische Demokratie unter Einbeziehung aller Volksschichten hinarbeitete, orientierte sich der Spartakusbund am Ziel der proletarischen Weltrevolution.
>
> Ein Grund, warum sich die SPD später bei der Gestaltung der Weimarer Republik gegenüber der KPD durchsetzen konnte, ist, dass der vormalige Reichskanzler Max von Baden sein Amt übergangsweise an den SPD- Politiker Friedrich Ebert übertragen hatte. Damit war die SPD offiziell legitimiert worden, eine Übergansregierung zu bilden. Die Niederschlagung der kommunistischen Aufstände ab 1919 im Reich und die Ermordung der Kommunistenführer Karl Liebknecht und Rosa Luxemburg im Januar 1919 durch die Freikorps schwächte die KPD zunächst, und sie verlor maßgeblich an Einfluss.

Soweit zum Sachurteil, kommen wir also zum Werturteil. Wichtig ist dabei, wie bereits erwähnt, die Offenlegung der Wertmaßstäbe, auf die ihr euch bezieht. Bei der hier gestellten Aufgabe könnte dies wie folgt aussehen:

> Die Weimarer Republik stellte den ersten Versuch dar, einen deutschen Einheitsstaat auf demokratischer, pluralistischer Grundlage zu organisieren. Von Beginn an sah sie sich dabei neben den außenpolitischen Problemen durch die Folgen des verlorenen Krieges auch den Bedrohungen durch radikale Kräfte an den politischen Rändern der deutschen Gesellschaft

[1] Zitiert nach: Operatorenübersicht, `https://www.standardsicherung.schulministerium.nrw.de/cms/zentralabitur-gost/faecher/getfile.php?file=3946`, abgerufen am 13.2.2018.

[2] Zitiert nach: Operatorenübersicht, `https://www.standardsicherung.schulministerium.nrw.de/cms/zentralabitur-gost/faecher/getfile.php?file=3946`, abgerufen am 13.2.2018.

gegenüber. Nach anfänglicher Teilnahme in der Frühphase der Republik dominierte in der Mitte der Gesellschaft meist eine passive Hinnahme, aber nie wirklich ein Enthusiasmus für die Demokratie. Sowohl von rechts wie auch von links wurde versucht, die Republik zu zerschlagen und, bewusst auch unter Anwendung von Gewalt, eine Staats- und Gesellschaftsordnung unter den jeweiligen ideologischen Vorstellungen zu schaffen. Dies führte zu einer Zersplitterung der Gesellschaft. Am Ende zerbrach die „Demokratie ohne Demokraten“ daran. Die Ideologisierung der Politik wie auch die Abkehr von allgemeinen demokratischen Grundsätzen in Kombination mit Partikularismus war dafür verantwortlich.

Bewertet man die Absichten Scheidemanns (bzw. der SPD) und Liebknechts (bzw. des Spartakusbundes und der späteren KPD) unter diesen Vorzeichen, so wird deutlich, dass die Entwicklungen und Frontstellungen der 1920er-Jahre und die Katastrophe der 1930er-Jahre bereits in ihren Reden angelegt sind.

Scheidemann erwähnt zwar insbesondere die Arbeiter, er bemüht sich jedoch sehr darum, das gesamte Volk anzusprechen und am Aufbau der Zukunft zu beteiligen. Das gesamte Volk habe im Krieg Opfer gebracht, nicht nur eine Gruppe. Wichtig ist ihm auch, dass nichts geschehe, was der Arbeiterbewegung zur Unehre gereiche – keine Gesetzlosigkeit, keine Rache, keine Diktatur, keine Herrschaft der wenigen über die vielen. Aus ihm spricht der Kurs der SPD, der in den 1920er-Jahren mit wechselnden Koalitionen und unter Einbeziehung eines breiten politischen Spektrums Demokratie und Freiheit aufbauen und verteidigen will – teilweise ausgerechnet in Zusammenarbeit mit den Resten der von ihm als morsch bezeichneten Monarchie.

Aus Liebknechts Rede hingegen sprechen bereits die partikularistischen Ziele der späteren KPD. Ist es bei Scheidemann das Volk, welches Opfer gebracht hat, so haben bei Liebknecht Millionen für das Proletariat gekämpft. Daher soll eine neue staatliche Ordnung des Proletariats geschaffen werden – eine Kampfansage an alle anderen, keine Einbeziehung breiter Schichten. Ziel bleibt nicht der Wiederaufbau Deutschlands unter demokratischen Vorzeichen oder die Sicherung von Brot und Arbeit, sondern die Weltrevolution. Ideologie erhält denn Vorrang vor den Nöten der Bürger.

Die SPD konnte mit ihrer inklusiven Politik in den folgenden Jahren deutlich mehr Wählerstimmen mobilisieren als die Kommunisten. In den 1920er-Jahren drifteten die beiden Gruppen mehr und mehr auseinander - schließlich sogar soweit, dass die Kommunisten ihren Hauptfeind nicht in den Nationalsozialisten und ihren Unterstützern, sondern in den „Sozialfaschisten“ der SPD sahen. Die SPD verteidigte die Werte, auf denen die Weimarer Republik gegründet wurde, bis zum Ende der Demokratie und konnte nach 1945 in der Bundesrepublik daran anknüpfen. Die Kommunisten sahen die Zerstörung der parlamentarischen Demokratie als einen weiteren Schritt auf dem Weg zur Weltrevolution und zur Diktatur des Proletariats. Damit ebneten sie den Nationalsozialisten den Weg und bauten schließlich nach 1945 in der DDR eine sozialistische Diktatur auf.

7.2 Beispielklausur 2

7.2.1 Quelle und Aufgabenstellung

Die Quelle ist ein Ausschnitt eines vom Grafiker Hans Herbert Schweitzer entworfenen Wahlplakates der Deutschnationalen Volkspartei (DNVP) zur Reichstagswahl 1924. Es bezieht sich im Textteil auf den sogenannten „Dolchstoß“. Die DNVP entwickelte sich im Laufe der Weimarer Republik zu einer Sammlungspartei antidemokratischer, monarchistischer, konservativer und rechtsnationaler Kräfte. Dabei kooperierte sie vor allem in der Endphase der Republik eng mit der NSDAP und stellte 1933 im ersten Kabinett Hitler kurzzeitig mehrere Minister.

ABBILDUNG 7.1: DNVP WAHLPLAKAT, QUELLE: BUNDESARCHIV, PLAK 002-029-031 / GRAFIKER: HANS SCHWEITZER.

Aufgaben:

1. Analysieren Sie die vorliegende Quelle.
2. Ordnen Sie die Quelle in den historischen Kontext der Weimarer Republik vom Ende des Ersten Weltkrieges an ein. Gehen Sie dabei besonders auf die innenpolitischen Verhältnisse ein.
3. Beurteilen Sie die Quelle unter der Fragestellung, inwiefern das Dargestellte mit den Tatsachen übereinstimmt.

7.2.2 Erwartungshorizont

Aufgabe 1

Bei der vorliegenden Quelle handelt es sich um den Bildteil eines Wahlplakates. Er ist im Stil einer Karikatur gehalten. Bei dieser Quelle könnt ihr die W-Fragen allein anhand der Quelle selbst beantworten und benötigt keine zusätzlichen Informationen.

Autor/Urheber: DNVP/ Grafiker – Hans Herbert Schweitzer

Form und Thema der Quelle: Karikatur (Primärquelle) – Thematisierung der „Dolchstoßlegende"

Ort und Datum der Veröffentlichung: November 1924 in Berlin

Anlass: Kritik an der Demokratie und an der Regierung der Weimarer Republik

Ziel/Intention: Überzeugung der deutschen Bürger, dass die demokratischen Parteien Deutschland verraten haben

Adressaten: alle wahlberechtigten Deutschen

Nun folgt die Bildbeschreibung. Bei dieser Karikatur ist eine Einteilung in Vordergrund, Mittelgrund und Hintergrund nicht nötig, da es nur wenige Bildelemente gibt, die ihr beschreiben könnt.

Auf der linken Seite des Bildes ist vor weißem Hintergrund ein deutscher Soldat zu sehen. In seiner linken Hand hält er hochgestreckt eine an der rechten Seite zerfranste Flagge des Kaiserreichs. Seine rechte Hand ist zur Faust geballt und nach unten gerichtet. Unter ihr ist ein fallendes Gewehr zu sehen. Der Kopf des Soldaten ist unnatürlich nach hinten verrenkt, sein Gesicht ist schmerzverzehrt. Seine Körperhaltung ist nach links verdreht, und er ist im Begriff, hinzusinken. Auf der rechten Seite des Bildes ist vor einem schwarzen Hintergrund ein komplett rotgekleideter Mann zu sehen. Er trägt typische Arbeiterkleidung, eine Arbeitermütze und eine schwarze Augenmaske. Seine linke Hand ist zur Faust geballt. In der rechten Hand hält er ein Messer, welches er, einen Schritt nach vorne machend, dem Soldaten in das linke Schulterblatt sticht. Sein Gesichtsausdruck ist grimmig.

Aufgabe 2

Für den Kontext der Dolchstoßlegende sind zwei historische Entwicklungen von Bedeutung. Auf der einen Seite kam die Kriegsniederlage für viele Deutsche überraschend, da Regierung und Militär bis zuletzt den Eindruck erweckt hatten, ein Sieg im Westen stehe kurz bevor. Vor allem der Friedensvertrag von Brest-Litowsk im März 1918, mit dem die Mittelmächte den Krieg im Osten erfolgreich beendeten, hatte dieser Hoffnung Auftrieb gegeben Die Novemberrevolution und der Zusammenbruch geschahen dann in einem für die Zeitgenossen atemberaubenden Tempo und erschienen vielen unerklärlich. Auf der anderen Seite war die Etablierungsphase der Weimarer Republik von zahlreichen Krisen geprägt, sowohl wirtschaftlich, gesellschaftlich als auch politisch. Einen maßgeblichen Anteil daran hatten die harten Friedensbedingungen des Vertrages von Versailles.

Zeitgeschehen vor der Quelle:

Einige wichtige Daten zu Revolution und Frühphase der Weimarer Republik findet ihr bereits bei der vorherigen Beispielklausur. Daher konzentrieren wir uns hier auf die wichtigsten Inhalte des Versailler Friedensvertrages und seine Folgen für die Weimarer Republik.

[7 Punkte des Versailler Vertrags]

- Demokratisierung Deutschlands
- „Kriegsschuldartikel“ 231: Deutschland und Verbündete verantwortlich für Krieg
und alle Verluste und Schäden der Alliierten
- Abrüstung Deutschlands: u. a. Beschränkung der Reichswehr auf 100.000 M
schwerer Waffen, keine Luftwaffe, keine Wehrpflicht, Entmilitarisierung des Rhe
- Territoriale Verluste (ca. 13 %), u. a. Westpreußen, Nordschleswig, Elsass-Loth
- Verlust aller Kolonien
- Internationalisierung der Wasserwege, drastische Verkleinerung der Handelsflotte
- Reparationspflicht

Daraus ergaben sich u. a. diese Probleme in der Weimarer Republik:

- **Hohe Bevölkerungsverluste, dadurch gesellschaftliche Verwerfungen**
- **Nahrungsmittelmangel**
- **Wirtschaftskrisen**
- **Politische Zersplitterung und Instabilität**
- **Politische Gewalt und Aufstände**

[Folgen daraus resultierend für Deutschland]

Die Entwicklung der Weimarer Republik kann grob in drei zeitliche Abschnitte

Der erste Abschnitt umfasst die unruhige Zeit von der Novemberrevolution
Inflation 1919-1923. Er war geprägt von den unmittelbaren Kriegsfolgen, innenp
und Aufständen, außenpolitischer Isolation und wirtschaftlicher Zerrüttung.

Daran schloss sich 1924-1929 eine Phase der relativen Stabilität an. Es gelan
der Währung, eine innenpolitische Beruhigung unter Zurückdrängung der radik
und rechts, ein zarter wirtschaftlicher Aufschwung und der Ausbruch aus d
Isolation. Dieser Zeitabschnitt endete mit dem Beginn der Weltwirtschaftskris
Endphase der Republik.

Die Endphase 1930-1933 ist die Zeit der Präsidialkabinette, hoher Arbeitslosigkeit und des Aufstiegs der NSDAP. Sie ist geprägt durch den wachsenden Straßenterror politischer Kampforganisationen, die Auflösung traditioneller gesellschaftlicher Milieus und einen generellen Vertrauensverlust in die Demokratie. An ihrem Ende steht die Machtergreifung der Nationalsozialisten.

Zeitgeschehen vor der Quelle:

Datum	Thema	Erläuterung
März 1920	Kapp-Putsch	Freikorps besetzen Regierungsviertel in Berlin und ernennen neuen Reichskanzler. Regierung flüchtet, Generalstreik, Ruhraufstand. Reichswehr unzuverlässig.
1921/1922	Rechtsextreme politische Mordserie der Organisation Consul	Mordversuch an Scheidemann. Todesopfer u. a. Erzberger und Rathenau.
Januar 1923	Ruhrbesetzung	Belgische und französische Truppen besetzen das Ruhrgebiet, um Reparationslieferungen zu erzwingen. Passiver Widerstand der Bevölkerung.
8./9.11.1923	Hitler-Putsch in München	Hitlers Versuch, gewaltsam die Weimarer Republik zu stürzen, scheitert.
November 1923	Einführung der Rentenmark	Festgesetzter Wechselkurs. Ende der Inflation.
1.9.1924	Dawes-Plan	Regelung der Reparationszahlungen und Auflegung einer Anleihe.

Deutung der Quelle:

Die Karikatur zeigt symbolhaft die sogenannte „Dolchstoßlegende“. Sie besagt, dass die deutsche Armee von äußeren Feinden unbesiegt erst dann zusammenbrach, als ihr „vaterlandslose“ Zivilisten, vor allem Sozialisten und Juden, in den Rücken fielen. Mit dem Soldaten fällt auf dem Bild gleichzeitig das durch die Flagge symbolisierte Kaiserreich und die mit ihm verbundenen Werte und gesellschaftlichen Strukturen. Es handelt sich also um einen gesamtgesellschaftlichen Zusammenbruch. Die Dolchstoßlegende wurde bereits 1918/19 von der ehemaligen Obersten Heeresleitung um Hindenburg und Ludendorff lanciert, um die Schuld an der Kriegsniederlage und die Verantwortung für die harten Friedensbedingungen auf die zivile Reichsregierung abzuwälzen. Als Verschwörungstheorie bot sie Teilen der von der Niederlage überraschten und von Krisen gebeutelten Bevölkerung die Möglichkeit, sich als schuldloses Opfer finsterer Mächte zu sehen. Insbesondere die demokratischen Parteien und ihre Vertreter wurden durch die Legende diffamiert und delegitimiert. Gleichzeitig wurde die Theorie mit antisemitischen Vorwürfen verwoben und bildete einen Hauptpunkt der Propaganda der NSDAP gegen die Republik, die Demokratie und die sogenannten „Novemberverbrecher“.

Zeitgeschehen nach der Quelle:

Datum	Thema	Erläuterung
28.3.1925	Tod Friedrich Eberts	Hindenburg wird Nachfolger als Reichspräsident.
Oktober 1925	Verträge von Locarno	Regelung der Beziehungen zu Westmächten, Gewaltverzicht.

Datum	Thema	Erläuterung
24.4.1926	Berliner Vertrag	Freundschaftsvertrag mit der UdSSR.
10.9.1926	Aufnahme Deutschlands in den Völkerbund	Ende der außenpolitischen Isolation, Erfolg Stresemanns.
1926	Friedensnobelpreis für Gustav Stresemann	
27.8.1928	Briand-Kellogg-Pakt	Völkerrechtlicher Vertrag zur Ächtung des Krieges.
14.8.1919	Weimarer Reichsverfassung verkündet	Parlamentarische Republik mit Reichspräsident als Oberhaupt. Mehrparteiensystem + Verhältniswahlrecht (allgemein, unmittelbar, gleich, geheim).

Aufgabe 3

Um Aufgabe drei zu bearbeiten, muss die Dolchstoßlegende zunächst einmal auf ihre Kernaussagen reduziert und diese Kernaussagen dann mit den durch die historische Forschung gesicherten Fakten abgeglichen werden. Schauen wir uns dieses Kernaussagen also etwas genauer an. Was behauptet die Legende?

1. Es gab eine gemeinsame zivile Verschwörung der Arbeiterschaft, der SPD und der Juden.
2. Diese Verschwörung war international ausgerichtet.
3. Die Verschwörung hat durch koordinierte Aktionen 1918 den Zusammenbruch der deutschen Armee herbeigeführt und die Revolution ausgelöst.
4. Die deutsche Armee war zum Zeitpunkt dieser Aktionen unbesiegt und stand ihrerseits kurz vor einem endgültigen Sieg über die Entente.
5. Die Kriegsniederlage hatte keine militärischen Gründe.

Vergleichen wir diese Kernaussagen nun mit den historischen Fakten.

1. Für das Deutsche Reich kämpften und fielen hunderttausende Arbeiter an den verschiedenen Fronten des Ersten Weltkriegs, und der prozentuale Anteil jüdischer Kriegsteilnehmer unterschied sich kaum von dem nichtjüdischer. Von Kriegsbeginn an hatte die SPD, wenn auch unter schweren Bedenken, im sogenannten „Burgfrieden" die Kriegspolitik der Reichsregierung unterstützt und die Kriegskredite bewilligt. Dieser Politik hatten sich auch die Gewerkschaften angeschlossen und beispielsweise auf Streiks verzichtet. Das Festhalten der SPD an ihrem Kurs führte schließlich zur Aufspaltung der Partei in MSPD und USPD und zur Gründung des Spartakusbundes. Zwar gab es ab 1918 wilde Streiks der Arbeiterschaft, und auch die Haltung der SPD wurde spätestens ab 1916 kritischer. Eine gemeinsame Verschwörung ist jedoch aus den überlieferten Quellen nicht nachzuweisen.

2. Im Juli 1914 hatte die SPD noch davor gewarnt, dass im Falle eines Weltkrieges Arbeiter auf Arbeiter und Sozialisten auf Sozialisten schießen würden, und zur internationalen Solidarität der Arbeiterschaft aufgerufen. Ab Kriegsbeginn wurde jedoch der Patriotismus der deutschen Arbeiter in den Vordergrund gerückt, und abweichende Stimmen im eigenen Lager, wie z. B. Karl Liebknecht und Rosa Luxemburg, wurden unter Druck gesetzt und verloren ihre Ämter. Internationale Kontakte wurden stark eingeschränkt.

3. Spätestens nach der im Frühjahr 1918 gescheiterten Offensive im Westen und dem Durchbruch der Entente durch die Siegfriedlinie im September 1918 zeigten sich im deutschen Heer Auflösungserscheinungen. Die Keimzelle der Revolution waren 1918 schließlich die Kieler Matrosen, welche mit ihrem Aufstand die Novemberrevolution auslösten. Der Zusammenbruch kam also keineswegs durch zivile Intervention zustande, sondern hatte ihren Ursprung vielmehr in der deutschen Armee.

4. Tatsache ist, dass die Mittelmächte im März 1918 mit dem Friedensvertrag von Brest-Litowsk den Krieg im Osten erfolgreich beenden konnten und Russland als Kriegsteilnehmer ausschied. Ebenso ist richtig, dass im November 1918 keine ausländischen Truppen auf deutschem Boden standen. Tatsache ist aber auch, dass die deutsche Armee nach der gescheiterten Offensive im Westen im Frühjahr 1918 zur strategischen Offensive nicht mehr in der Lage war und mehr und mehr zurückweichen musste. In Deutschland herrschten durch die britische Seeblockade Hungersnöte und Rohstoffknappheit. Gleichzeitig brachen die Verbündeten Deutschlands, d. h. das Osmanische Reich, Österreich-Ungarn und Bulgarien, ab September 1918 nach und nach militärisch zusammen. Schließlich konnten die 1917 auf Seiten der Entente in den Krieg eingetretenen USA ihr militärisches Gewicht in Europa mehr und mehr in die Waagschale werfen. Ein Sieg der Mittelmächte war daher illusorisch geworden.

5. Der Krieg hatte sich von Beginn an nicht nach den Plänen des deutschen Generalstabs entwickelt. Der Schlieffen-Plan war gescheitert, und für einen lang andauernden Stellungskrieg waren weder Wirtschaft noch Gesellschaft in Deutschland gerüstet. Russland hatte schneller als erwartet mobilisiert und war in Ostpreußen eingedrungen. Österreich-Ungarn hatte sich als nur unzureichend gerüsteter Partner erweisen. Die Kolonien gingen rasch verloren, und die Flotte kam, abgesehen von wenigen Scharmützeln, überhaupt nicht tragend zum Einsatz. 1915 wechselte Italien die Seiten, und auch der U-Boot-Krieg konnte Großbritannien nicht in die Knie zwingen. Stattdessen löste er bei seiner Wiederaufnahme 1917 den Kriegseintritt der USA aus. Bis zuletzt hielt das Militär jedoch an einer Strategie des Siegfriedens und einer umfassenden Annexionspolitik fest und verwehrte sich einem Verständigungsfrieden. Erst als 1918 auch der letzte Plan fehlschlug, war man zum Waffenstillstand bereit – aushandeln sollten ihn aber Zivilisten.

Es wird also deutlich, dass die Legende mit der Realität nur sehr wenig zu tun hat. Die Niederlage war Folge einer Kombination aus verfehlter militärischer Strategie, verfehlter Politik und mangelnder wirtschaftlicher Kraft – aber nicht Folge eines Dolchstoßes.

7.3 Beispielklausur 3

7.3.1 Quelle und Aufgabenstellung

Wahlplakat Adolf Hitlers zur Reichspräsidentenwahl im März/April 1932.

ABBILDUNG 7.2: WAHLPLAKAT, QUELLE: BUNDESARCHIV, PLAK 002-016-047 / GRAFIKER: HANS SCHWEITZER.

Aufgaben:

1. Analysieren Sie die Quelle.

2. Ordnen Sie die Quelle in den historischen Kontext vom Schwarzen Freitag' am 25.10.1929 bis zur 'Machtergreifung' am 30.1.1933 ein.

3. Beurteilen Sie die Quelle hinsichtlich der Frage, aufgrund welcher politischen und wirtschaftlichen Entwicklungen in der Weimarer Republik es zu einem gesellschaftlichen Zuspruch der NSDAP kommen konnte.

7.3.2 Erwartungshorizont

Aufgabe 1

Die erste Aufgabe besagt auch in diesem Fall, dass ihr die Quelle analysieren sollt. Die Form der Quelle wird bereits in den Anmerkungen genannt. Es handelt sich hierbei um ein Wahlplakat Adolf Hitlers. Zudem ist die Quelle eine Primärquelle. Die Beantwortung der W-Fragen ergibt folgendes:

Grafiker/Urheber: NSDAP/ Grafiker – Mjölnir [Hans Schweitzer]

Thema und Form der Quelle: Wahlplakat (Primärquelle);
Titel – 'Unsere letzte Hoffnung: Hitler'

Ort und Zeit: März/April 1932 in der Weimarer Republik

Anlass: Reichspräsidentenwahl 1932

Ziel/Intention: Wahlerfolg Hitlers/ Überzeugung der Wähler

Adressaten: alle wahlberechtigten Deutschen

Nach den Formalia müsst ihr auch hier eine Bildbeschreibung abgeben:

Es handelt sich bei dem Wahlplakat um eine skizzenhafte schwarze Zeichnung auf gelbem Hintergrund. Im Kontrast dazu steht die weiße Schrift, die sich deutlich von der Zeichnung abhebt.

Im Hintergrund des Bildes sieht man eine Häuserfassade, vor der eine schemenhaft angedeutete Menschenmenge steht. Diese zieht sich bis zum Vordergrund hin. Je näher sie für den Betrachter wirkt, desto deutlicher werden einzelne Personen und Gesichter erkennbar. Sie alle halten die Blicke gesenkt, mit tiefen Schatten in den Augenhöhlen. Die Gesichtsausdrücke vermitteln Hoffnungslosigkeit und Niedergeschlagenheit.

Anhand ihrer Kleidung sind die Personen als Repräsentanten verschiedener sozialer Schichten und damit verschiedener Zielgruppen der NSDAP erkennbar. Vorne rechts ist ein Mann mit Krawatte in einem Anzug mit gekämmten Haaren und Schnurrbart zu sehen. Daneben sind ein Mann in Arbeiterkleidung mit einer Schiebermütze und ein Mann mit Hut und Trenchcoat zu erkennen. Hinter ihnen steht u. a. eine Frau mit einem kleinen Kind auf dem Arm.

Links oben steht „Unsere letzte Hoffnung:", am unteren Ende in größeren Buchstaben „Hitler".

Aufgabe 2

Die Aufgabenstellung fordert eine Einordnung in den historischen Kontext ab dem 24.10.1929, an dem in den USA die Börse zusammengebrochen ist. Folgende Ereignisse und Entwicklungen solltet ihr bei der Beschreibung des Kontextes erwähnen.

Zeitgeschehen vor der Quelle:

Datum	**Thema**	**Erläuterung**
25.10.1929	Schwarzer Freitag	Drastischer Kurseinbruch an der New Yorker Börse. Weltwirtschaftskrise – Deutscher Aufschwung stoppt – Abzug amerikanischer Kredite aus Europa.
27.3.1930	Scheitern der großen Koalition aus SPD, Zentrum, BVP, DDP und DVP	Folge: Reichspräsident Hindenburg ernennt Reichskanzler Brüning und löst im Juli 1930 das Parlament auf. Wirtschaftskrise wird zur Staatskrise.
14.9.1930	Reichstagswahlen	NSDAP steigert Stimmanteil von 2,6 % auf 18,3 %.
1930-1932	Zeit der Präsidialkabinette	Beginn der Sparpolitik – Folge: Deflation, Senkung der Löhne, Arbeitslosigkeit wächst, kaum Wirtschaftswachstum. Regierung durch Sparmaßnahmen unbeliebt in der Bevölkerung – Unzufriedenheit wächst.

Deutung der Quelle:

Das vorliegende Wahlplakat lässt sich in den Kontext der Wahlen, die 1932 stattfanden, einordnen. Die Wahlstrategie der NSDAP und Hitlers war es, sowohl bei den Reichstagswahlen als auch bei der Reichspräsidentenwahl möglichst breite Bevölkerungsschichten anzusprechen. Auf dem Plakat wird dieser Versuch, sehr unterschiedliche gesellschaftliche Gruppen zu einer Wählergruppe zu formen, deutlich. So sieht man Menschen in feinen Anzügen, die aus höheren Schichten stammen könnten, aber auch Personen in dreckiger Arbeitskleidung, die aus der Arbeiterschicht oder sozialistischen Kreisen stammen könnten. Auch eine Frau mit Kind ist zu sehen, denn in der Weimarer Republik stellten Frauen aufgrund des neu eingeführten Frauenwahlrechts eine große Wählergruppe dar. Das Plakat geht indirekt auf die schlechte wirtschaftliche Situation der Weimarer Republik ein. Die Simplizität und Tristheit des Plakates an sich, in Verbindung mit den hoffnungslosen und trüben Blicken der darauf abgebildeten Menschen, soll die von der hohen Arbeitslosigkeit geprägte Lage der deutschen Bevölkerung darstellen. Der Ausweg aus dieser Situation wird durch den Schriftzug demonstriert, nämlich die Wahl Hitlers.

Kontext nach der Quelle:

Datum	**Thema**	**Erläuterung**
10.4.1932	Wiederwahl Hindenburgs als Reichspräsident	Hindenburg, unterstützt von SPD und Zentrum, bleibt mit 53,1 % der Stimmen vor Hitler mit 36,8 %.
30.5.1932	Rücktritt Brünings	Franz von Papen wird neuer Reichskanzler. „Kabinett der Barone".

Datum	Thema	Erläuterung
20.7.1932	„Preußenschlag“	Absetzung der preußischen SPD-Regierung durch den Reichspräsidenten, Übertragung der Macht auf von Papen als Reichskommissar.
31.7.1932	Reichstagswahlen	NSDAP mit 37,4 % stärkste Kraft, aber ohne parlamentarische Mehrheit.
6. 11.1932	Neuwahlen	NSDAP verliert 4,3 %. Neue Regierung unter Kurt von Schleicher (parteilos). Plan, NSDAP in Zusammenarbeit mit Gregor Strasser (linker NSDAP-Flügel) zu spalten, scheitert.
28.1.1933	Rücktritt Schleichers	
30. 1.1933	Hindenburg ernennt Hitler zum Reichskanzler („Machtergreifung")	Von Papen will Hitler „einrahmen“ – Versuch, Hitler mit politischen Gegengewichten in der Regierung auszubremsen. Zunächst nur drei NSDAP-Minister. Alte Eliten werden jedoch rasch ausgeschaltet. Ende der Weimarer Republik.

Aufgabe 3

Eine umfassende, alle Feinheiten einschließende Antwort auf Aufgabe 3 ist im Rahmen einer Abiturklausur natürlich nicht möglich. Zu den Gründen für den Zerfall der Weimarer Republik, den Aufstieg der NSDAP und die Machtübernahme der Nationalsozialisten 1933 wurden unzählige Bücher geschrieben und unter den Fachleuten bis heute andauernde Forschungskontroversen ausgetragen. Bei der Beantwortung solltet ihr euch deshalb auf die wichtigsten Eckpunkte konzentrieren.

Schauen wir uns daher zunächst noch einmal kurz an, welche Emotionen das Plakat anspricht und welches Bild es von der Spätphase der Weimarer Republik zeichnet. Glaubt man ihm, so existierte 1932 nämlich eine schichtenübergreifende wirtschaftliche und politische Perspektivlosigkeit, und die einzige Möglichkeit, aus dieser Situation zu entkommen und etwas zu ändern, sei die Wahl Hitlers zum Reichspräsidenten gewesen. Verantwortlich für die Misere nennt das Plakat zwar nicht explizit. Die Begleitpropaganda der NSDAP war jedoch sehr deutlich: Schuld seien „Novemberverbrecher“, Demokraten und Juden.

Und tatsächlich stand es seit 1929 nicht zum Besten mit der Republik. Durch den Abzug amerikanischer Kredite infolge des Börsencrashs war es in Europa und vor allem in Deutschland zu einer schweren Wirtschaftskrise gekommen. Verstärkt wurde diese Entwicklung noch dadurch, dass die Frage der Reparationen zwar durch den Young-Plan abschließend geregelt werden sollte, die Folgen des Ersten Weltkrieges aber weiterhin die Stabilität der Wirtschaft bedrohten. Diese wirtschaftliche Krise wurde von einer politischen Krise begleitet. Große Teile der Bevölkerung und die extremen Parteien von links wie rechts machten die demokratischen Politiker für die Wirtschaftskrise verantwortlich. Alle Konzessionen, die seit Mitte der 1920er-Jahre gegenüber den ehemaligen Gegnern gemacht worden seien, hätten zu keinem für Deutschland positiven Ergebnis geführt. Dass die so gescholtenen Demokraten nicht nur eine Erleichterung in den Reparationsfolgen, sondern auch eine politische Annäherung an die ehemaligen Feinde geschafft hatten und Deutschland u. a. in den Völkerbund aufgenommen worden war, wurde ignoriert oder verurteilt. Die Instabilität seit dem Scheitern der großen Koalition 1930 und die demokratisch nicht legitimierten Präsidialkabinette, welche die gesellschaftlichen Probleme scheinbar nicht in den Griff bekamen, taten ihr Übriges. Dadurch kam es zu einer massiven Vertrauenskrise in die Politik und das demokratische System.

In diese Lücke stieß die NSDAP. Anders als ihr Gegenstück auf der linken Seite, die Kommunisten, gelang es den Nationalsozialisten, alle gesellschaftlichen Schichten anzusprechen. Mit ihren Versprechungen waren sie bei Jung und Alt, Männern und Frauen, Arbeitern und mittleren Angestellten, aber auch bei der Großindustrie, beim Militär und bei den alten Eliten anschlussfähig. Gleichzeitig gelang es ihnen, mit ihrem radikalen Nationalismus, der sich aus Revanchegedanken für die Niederlage im Ersten Weltkrieg, Antisemitismus und einer Berufung auf ehemalige deutsche Größe speiste, viele Anhänger zu mobilisieren. Hinzu kam, dass die Wählerbasis der staatstragenden Parteien mehr und mehr wegbrach und sich alte Milieus auflösten. Die NSDAP konnte so zur ersten wirklichen Volkspartei Deutschlands werden – weil sie allen alles versprach, und alle anderen nicht liefern konnten.

All dies lief am 30. Januar 1933 zusammen und verband sich mit einem Reichspräsidenten, der die Republik nie akzeptiert und planmäßig auf die Errichtung einer autoritären Herrschaft hingearbeitet hatte. Anders als bei den Präsidialkabinetten zuvor kam mit Hitler schließlich ein Kanzler an die Macht, der nicht nur über eine Parteiarmee, sondern auch über eine Massenbasis verfügte und mit beidem innerhalb kürzester Zeit unter beispiellosem Terror die Demokratie und ihre Repräsentanten hinwegfegen sollte.

Notizen

8 Inhaltsfeld 3: Die Zeit des Nationalsozialismus

8.1 Beispielklausur 1

8.1.1 Quelle und Aufgabenstellung

Das vorliegende Wahlplakat zur Reichstagswahl im November 1933 zeigt den Reichspräsidenten Paul von Hindenburg und den Reichskanzler Adolf Hitler.

ABBILDUNG 8.1: WAHLPLAKAT, QUELLE: BUNDESARCHIV, PLAK 003-003-003 / GRAFIKER: BAUER.

Aufgaben:

1. Analysieren Sie die vorliegende Quelle.
2. Ordnen Sie die Quelle in den historischen Kontext in Bezug auf die politischen Hintergründe Hitlers und Hindenburgs bis zum Tod Hindenburgs 1934 ein.
3. Bewerten Sie die Quelle unter Berücksichtigung von Hitlers Innenpolitik von der Machtergreifung bis zum Tod Hindenburgs.

8.1.2 Erwartungshorizont

Aufgabe 1

Die erste Aufgabe fordert wieder eine Analyse der Quelle. Die Beantwortung der W-Fragen sollte bei euch folgendes ergeben:

> **Grafiker/Urheber:** NSDAP/Bauer
>
> **Thema und Form der Quelle:** Wahlplakat (Primärquelle);
> Titel – 'Der Marschall und der Gefreite kämpfen mit uns für Frieden und Gleichberechtigung'
>
> **Ort und Datum:** 12. November 1933 in Deutschland
>
> **Anlass:** : Reichstagswahlen
>
> **Ziel/Intention:** Wahlerfolg/Festigung der politischen Macht
>
> **Adressaten:** die deutsche Bevölkerung (alle sozialen Schichten)

Da es sich bei der vorliegenden Quelle um ein Wahlplakat handelt, müsst ihr eine Bildbeschreibung durchführen. Die Einteilung in Vordergrund, Mittelgrund und Hintergrund entfällt hier. Auf folgende Elemente solltet ihr bei der Bildbeschreibung achten:

Auf dem vorliegenden Wahlplakat sind zwei Männer abgebildet. Es handelt sich um Fotografien, die nebeneinander montiert wurden, so dass der Eindruck eines gemeinsamen Bildes entsteht. Links sieht man den Reichspräsidenten Paul von Hindenburg, rechts neben ihm den Reichskanzler Adolf Hitler. Hindenburg ist etwas größer als Hitler sowie im Vordergrund dargestellt. Der Reichspräsident ist in zivil gekleidet und trägt Anzug mit Krawatte, während Hitler die extra für ihn entworfene Führeruniform der NSDAP unter einem schweren Mantel trägt. An seiner Brust ist ein Eisernes Kreuz und auf seiner Krawatte ein Adler mit Hakenkreuz in den Klauen zu erkennen. Beide Männer haben einen ernsten und entschlossenen Gesichtsausdruck. Sie blicken den Betrachter direkt an.

Das Wahlplakat ist in schwarz-weiß gehalten. Über den beiden abgebildeten Personen steht in weißen großen Druckbuchstaben „Der Marschall und der Gefreite", wobei sich beide Rangbezeichnungen über den Köpfen der jeweils passenden Personen befinden. Am unteren Bildrand wir der Satz mit den Worten „kämpfen mit uns für Frieden und Gleichberechtigungfortgeführt wird.

Aufgabe 2

Die Aufgabenstellung fordert, die politischen Hintergründe der Personen Hitler und Hindenburg kontextuell zu erläutern. Da Hindenburg der ranghöhere der beiden Männer ist, solltet ihr mit ihm beginnen. Nachdem ihr die beiden Personen biographisch kurz vorgestellt habt, solltet ihr die Geschehnisse der Übergangszeit von der Weimarer Republik zum Nationalsozialismus vorstellen.

Zeitgeschehen vor der Quelle:

Hindenburg:

Datum	**Biographische Details**
1870/1871	Dienst als Leutnant im Deutsch-Französischen Krieg.
Ab 1877	Verschiedene Ämter im großen Generalstab.
März 1911	Verabschiedung in den Ruhestand.
22.8.1914	Wiedereinberufung als General der 8. Armee im Ersten Weltkrieg.
26.-30.8.1914	Deutschland siegt unter Hindenburg in der Schlacht bei Tannenberg gegen Russland. Enorme Steigerung von Hindenburgs politischem Prestige – Beginn des Hindenburg-Mythos.
Ab August 1916	Hindenburg bildet zusammen mit Ludendorff die Oberste Heeresleitung (OHL) und erhält quasi-diktatorische Vollmachten.
1919	Nach militärischer Niederlage im Ersten Weltkrieg Rücktritt. Verbreitung der Dolchstoßlegende vor dem Untersuchungsausschuss der Weimarer Nationalversammlung.
April 1925	Wahl Hindenburgs zum Reichspräsidenten.

Hitler:

Datum	**Biographische Details**
1914-1918	Gefreiter in der bayerischen Armee.
29. 7.1921	Hitler wird Parteivorsitzender der NSDAP.
8./9.11.1923	Hitlers Versuch, mit einem Putsch die Weimarer Republik zu stürzen, scheitert.
23.11.1923	Reichsweites Verbot der NSDAP.
1923/24	Hitler sitzt in Festungshaft und schreibt „Mein Kampf"– Ausformulierung seiner politischen Ideologie.
Februar 1925	Neugründung der NSDAP. Hitler wird in den folgenden Jahren zu ihrem uneingeschränkten Führer.

Die folgende Tabelle enthält eine Übersicht über die wichtigsten politischen Entwicklungen in der Übergangszeit von der Weimarer Republik zum Dritten Reich und über die Anfangszeit des Nationalsozialismus. Hier gilt es, die Zusammenhänge zwischen der deutschen Staats- und Wirtschaftskrise mit dem gesellschaftlichen Interesse an der NSDAP hervorzuheben. In der Anfangszeit des Nationalsozialismus ab 1933 müsst ihr die prozesshafte Aushebelung des republikanischen Staatssystems beschreiben.

Datum	Thema	Erläuterung
Ab 1930	Zeit der Präsidialkabinette	Rasch wechselnde, von Hindenburg eingesetzte Kanzler Regierungen ohne parlamentarische Mehrheiten.
Ab 1930	Gesellschaftlicher Einfluss der NSDAP steigt	Wirtschafts- und Staatskrisen fördern das gesellschaftliche Interesse an der NSDAP. Hitler bleibt für Hindenburg jedoch keine Option als Reichskanzler.
10.4.1932	Reichspräsidentenwahl	Hitler unterliegt Hindenburg, der durch Stimmen der Parteien Zentrum und SPD gewinnen kann.
1932	Reichstagswahlen	NSDAP erzielt im Juli 37 % und im November 33 % der Stimmen.
Januar 1933	Einrahmungsplan	Franz von Papen (Zentrum) schlägt Hindenburg vor, Hitler für das Amt des Reichskanzlers zu nominieren, jedoch unter der Voraussetzung, die Macht der NSDAP in der Regierung durch die Besetzung von Ministerposten mit Mitgliedern anderer Parteien zu beschränken.
30.1.1933	Machtergreifung	Hindenburg überträgt Hitler das Amt des Reichskanzlers.
28.2.1933	Reichstagsbrandverordnung	Grundrechte werden außer Kraft gesetzt.
24.3.1933	Ermächtigungsgesetz	Der Reichstag entmachtet sich selbst. Die Gewaltenteilung wird abgeschafft. Die Legislative geht auf die Regierung über.
31.3.1933	Vorläufiges Gesetz zur Gleichschaltung der Länder mit dem Reich	Beginn der Abschaffung des Föderalismus. Nach und nach gehen alle Länderrechte auf das Reich über.
14.7.1933	Gesetz gegen die Neubildung von Parteien	Nachdem alle anderen Parteien verboten worden sind oder sich aufgelöst haben, verbleibt allein NSDAP.
12.11.1933	Reichstagswahlen	Repression durch SA und SS auf lokaler Ebene. Wahl einer nationalsozialistisch dominierten Einheitsliste.

Deutung der Quelle:

Der Satz „Der Marschall und der Gefreite kämpfen mit uns für Frieden und Gleichberechtigung"verweist auf die militärischen Ränge der beiden abgebildeten Personen im Ersten Weltkrieg. Hindenburg hatte als Generalfeldmarschall gedient und zusammen mit Erich Ludendorff seit 1916 an der Spitze der Obersten Heeresleitung gestanden. Seit dem ihm zugeschriebenen Sieg bei der Schlacht bei Allenstein (später von der Propaganda als Schlacht bei Tannenberg bezeichnet) war um ihn herum ein Heldenmythos entstanden, der ihn seit seiner Wahl zum Reichspräsidenten 1925 zum „Ersatzkaiser" werden ließ. Hitler hingegen hatte im Ersten Weltkrieg als einfacher Gefreiter gedient, also nur einen niederen militärischen Rang innegehabt. Erstaunlich ist, dass keiner der beiden über ihre alten Ränge identifizierten Personen die passende Uniform trägt. Hindenburg ist so bekannt, dass dies bei ihm nicht nötig erscheint. Hitler soll vor allem mit seiner Bewegung, der NSDAP, identifiziert werden.

Auf dem Plakat sind beide Personen auf Augenhöhe dargestellt. Hitler stellte in anderen Zusammenhängen oft seinen Aufstieg vom „unbekannten Soldaten" an die Spitze des Reiches heraus. Dies wird hier symbolisiert und soll Nähe zu seinen potentiellen Wählern suggerieren. Ebenso wird in dieser Gleichbehandlung der beiden Männer das nationalsozialistische Propagandabild der Volksgemeinschaft wirksam, nicht zuletzt auch durch die Verwendung des Begriffes „uns", welcher den Betrachter potentiell mit einschließt. Mit Hitlers Ernennung zum Reichskanzler und der Machteroberung der NSDAP sind die alten Rangunterschiede bedeutungslos geworden. Dass Hitler und Hindenburg ursprünglich politische Gegner waren und 1932 noch bei der Reichspräsidentenwahl gegeneinander antraten, wird hier überspielt.

Zeitgeschehen nach der Quelle:

Nach der Quelle ist für Aufgabe 2 nur noch ein Ereignis von Bedeutung, nämlich der Tod Hindenburgs am 2.8.1934. Hitler übernimmt zusätzlich zu seinem Amt als Reichskanzler auch die Funktionen des Reichspräsidenten. Das Amt des Reichspräsidenten wird nicht neu besetzt, offiziell aus Respekt vor der Person und Leistung Hindenburgs. Von diesem Zeitpunkt an lag die letzte Entscheidungsgewalt im Deutschen Reich allein beim „Führer".

Aufgabe 3

Nach dem gescheiterten Putsch 1923 hatte Hitler eine neue Strategie eingeschlagen, da sich die NSDAP als zu schwach, ihre Verbündeten als zu zögerlich und die Republik als zu wehrhaft erwiesen hatten. Die Nationalsozialisten sollten von nun aus eigener Kraft und auf legalem Weg an die Macht kommen – nur so konnte er sich sicher sein, eine genügend große Legitimation zu besitzen, um Deutschland nach seinen Vorstellungen umzugestalten. Aus diesem Grund beteiligte sich die NSDAP nach ihrer Neugründung 1925 am politischen Wettbewerb, und Hitler trat bei den Wahlen zum Reichspräsidenten an.

Gleichzeitig war den Nationalsozialisten jedoch klar, dass sie nicht ohne Unterstützer erfolgreich sein konnten. Als besonders wichtig wurden dabei die konservativen Eliten an der Spitze von Militär und Rechtsparteien betrachtet, denn sie verfolgten mittelfristig ähnliche Ziele wie die NSDAP: die Ausschaltung der Linksparteien, die Abschaffung der Demokratie, die Errichtung eines autoritären Staates und die Überwindung des Versailler Vertrages. Hindenburg genoss in diesen Kreisen, genau wie im Volk, hohes Ansehen, war nie Demokrat oder Republikaner gewonnen und teilte diese Ziele.

Die Nationalsozialisten nutzten diese Tatsachen nun doppelt aus. Auf der einen Seite destabilisierten Sie vor dem Hintergrund der Krisen der späten 1930er-Jahre durch ihren Kampf gegen die Demokratie und ihren Terror die Gesellschaft und schürten die Angst vor einer Bolschewisierung Deutschlands. Auf der anderen Seite boten sie den Eliten wie auch dem Volk durch das Versprechen, Ruhe und Ordnung wiederherzustellen, sollten sie erst einmal an der Macht sein, einen Ausweg aus der verfahrenen Situation. Ihre Machtübernahme gelang schließlich unter tatkräftiger Unterstützung der konservativen Eliten und Hindenburgs, die glaubten, die NSDAP für ihre Zwecke einspannen zu können. Der Machtwille der Bewegung war jedoch nicht aufzuhalten. Nach und nach schaltete sie ihre Partner aus.

Nicht jedoch Hindenburg – an diesen Mythos wagte sich auch Hitler nicht. Stattdessen vereinnahmte er den Reichspräsidenten als Symbol, u. a. am Tag von Potsdam im März 1933, und auch auf diesem Plakat. Dort werden sie als politisch gemeinsam agierendes Einheitsgespann dargestellt. Tatsächlich ließ Hindenburg Hitler trotz einiger Vorbehalte fast uneingeschränkt politisch walten. Die Kooperation der beiden wurde von den Nationalsozialisten als Versöhnung des alten Reiches mit dem neuen „Dritten" Reich dargestellt. So konnten sich auch Hindenburgs Anhänger in der neuen Diktatur aufgehoben fühlen.

Welche Rolle spielte Hindenburg also für die Errichtung und Festigung der Diktatur? Die frühere Forschung stellte ihn als monarchistischen, aber verfassungstreuen senilen alten Greis dar, dessen Berater ihn manipuliert und zu einer Ernennung Hitler genötigt hätten. Hitler habe ihn dann als Marionette benutzt, ohne dass er sich habe wehren können. Neuere Erkenntnisse zeigen jedoch, dass Hindenburg gezielt an einer Alternative zur Demokratie arbeitete und wusste, was er tat, als er Hitler zum Kanzler machte. Bis zu seinem Tod unterzeichnete er zahlreiche Gesetze, welche zur Zerstörung der Republik beitrugen. Er war somit nicht bloß Steigbügelhalter, sondern Komplize bei Hitlers Werk.

8.2 Beispielklausur 2

8.2.1 Quelle und Aufgabenstellung

Bei der Quelle handelt es sich um einen Auszug aus der Rede des Reichspropagandaministers Joseph Goebbels, die er am 18. 2.1943 vor ausgesuchten Zuhörern im Sportpalast in Berlin hielt. Die Rede wurde ebenfalls im deutschen Rundfunk übertragen.

„[...] Als der Führer die deutsche Wehrmacht am 22. Juni 1941 im Osten zum Angriff antreten ließ, waren wir uns alle im Klaren darüber, daß damit überhaupt der entscheidende Kampf dieses gigantischen Weltringens anbrach. Wir wußten, welche Gefahren und Schwierigkeiten er für uns mit sich bringen würde. Wir waren uns aber auch klar darüber, daß die Gefahren und Schwierigkeiten bei längerem Warten nur wachsen, niemals aber abnehmen könnten. Es war zwei Minuten vor zwölf. Ein weiteres Zögern hätte leicht zur Vernichtung des Reiches und zur vollkommenen Bolschewisierung des europäischen Kontinents geführt. [...]

Das Ziel des Bolschewismus ist die Weltrevolution der Juden. Sie wollen das Chaos über das Reich und über Europa hereinführen, um in der Daraus entstehenden Hoffnungslosigkeit und Verzweiflung der Völker ihre internationale, bolschewistisch verschleierte kapitalistische Tyrannei aufzurichten. Was das für das deutsche Volk bedeuten würde, braucht nicht näher erläutert zu werden. Es würde mit der Bolschewisierung des Reiches eine Liquidierung unserer gesamten Intelligenz- und Führungsschicht und als Folge davon die Überführung der arbeitenden Massen in die bolschewistisch- jüdische Sklaverei nach sich ziehen. Man sucht in Moskau Zwangsarbeitsbataillone für die sibirischen Tundren. Der Aufstand der Steppe macht sich vor unseren Fronten bereit, und der Ansturm des Ostens, der in täglich sich steigender Stärke gegen unsere Linien anbrandet, ist nichts anderes als die versuchte Wiederholung der geschichtlichen Verheerungen, die früher schon so oft unseren Erdteil gefährdet haben. Damit aber ist auch eine unmittelbare akute Lebensbedrohung für alle europäischen Mächte gegeben. Man soll nicht glauben, daß der Bolschewismus, hätte er die Gelegenheit, seinen Siegeszug über das Reich anzutreten, irgendwo an unseren Grenzen haltmachen würde. Stalin treibt eine Aggressionspolitik, die ausgesprochen auf die Bolschewisierung aller Länder und Völker ausgeht. Das Abendland ist in Gefahr. Ob ihre Regierungen und ihre Intelligenzschichten das einsehen wollen oder nicht, ist dabei gänzlich unerheblich. [...] Das deutsche Volk jedenfalls ist nicht gewillt, sich dieser Gefahr auch nur versuchsweise preiszugeben. [...]

Das Judentum hat die angelsächsischen Staaten geistig und politisch schon so tief durchdrungen, daß sie diese Gefahr überhaupt nicht mehr sehen und wahr haben wollen. Wie es sich in der Sowjetunion bolschewistisch tarnt, so tarnt es sich in den angelsächsischen Staaten plutokratisch-kapitalistisch. Die Methoden der Tarnung sind bei der jüdischen Rasse bekannt. Sie geht seit jeher darauf aus, ihre Gastvölker einzuschläfern und damit ihre Abwehrkräfte gegen von ihr stammende akute und lebensgefährdende Bedrohungen zu lähmen. (Zurufe aus der Menge: „Wir haben sie erlebt!")

Unsere Einsicht in diese Problematik hat uns schon früh die Erkenntnis vermittelt, daß das Zusammengehen zwischen internationaler Plutokratie und internationalem Bolschewismus durchaus keinen Widersinn, sondern einen tiefen und ursächlichen Sinn darstellt. Damit ist Europa in Todesgefahr. [...] Man wird, um das hier nur zu erwähnen, in diesem Zusammenhang auch unsere konsequente Judenpolitik verstehen können. Wir sehen im Judentum für jedes Land eine unmittelbare Gefahr gegeben. Wie andere Völker sich gegen diese Gefahr zur Wehr setzen, ist uns gleichgültig. Wie wir uns aber dagegen zur Wehr setzen, das ist unsere eigene Sache, in die wir keinerlei Einsprüche dulden. Das Judentum stellt eine infektiöse Erscheinung dar, die ansteckend wirkt. (Minutenlang hindern zustimmende Sprechchöre den Minister am Weiterreden.)

Im Zeichen all dieser Überlegungen steht die militärische Belastung des Reiches im Osten. Der Krieg der mechanisierten Roboter gegen Deutschland und gegen Europa ist auf seinen Höhepunkt gestiegen. Das deutsche Volk erfüllt mit seinen Partnern im wahrsten Sinne des Wortes eine europäische Mission, wenn es dieser unmittelbaren und ernsten Lebensbedrohung mit den Waffen entgegentritt. [...] Der Kampf kann und darf nur mit Sieg enden. (Zwischenrufe: „Deutsche Männer, ans Gewehr! Deutsche Frauen, an die Arbeit!")

Für die Schätze unseres reichen Volkstums hat der Bolschewismus natürlich nicht das geringste Verständnis, und er würde auch im Bedarfsfalle darauf nicht die geringste Rücksicht nehmen. Er tut das ja nicht einmal seinem eigenen Volke gegenüber. Die Sowjetunion hat das bolschewistische Kriegspotential seit 25 Jahren in einem Umfange ausgeschöpft, der für uns gänzlich unvorstellbar war und deshalb von uns auch falsch eingeschätzt wurde. Das terroristische Judentum hat sich in Rußland 200 Millionen Menschen dienstbar gemacht, dabei seine zynischen Methoden und Praktiken mit der stumpfen Zähigkeit der russischen Rasse vermählt, die deshalb eine umso größere Gefahr für die europäischen Kulturvölker darstellt. In Rußland werden Männer, Frauen, ja Kinder nicht nur in die Rüstungsfabriken, sondern auch in den Krieg getrieben. Die Massen von Panzern, die in diesem Winter unsere östliche Front berennen, sind das Ergebnis eines 25jährigen sozialen Unglücks und Elends des bolschewistischen Volkes. Dagegen müssen wir mit entsprechenden Gegenmaßnahmen antreten, wenn wir nicht das Spiel als verloren aufgeben wollen. [...] Ich gebe meiner festen Überzeugung Ausdruck, daß wir die bolschewistische Gefahr auf die Dauer nur niederringen können, wenn wir ihr, wenn auch nicht mit gleichen, so doch mit gleichwertigen Methoden entgegentreten. [...] Hier wäre eine falsche Rücksichtnahme vollkommen fehl am Orte. [...] Jedermann weiß, daß dieser Krieg, wenn wir ihn verlören, uns alle vernichten würde. [...] Der totale Krieg ist also das Gebot der Stunde. [...]"

Quelle: Kundgebung der NSDAP, Gau Berlin, im Berliner Sportpalast, Joseph Goebbels, 18. Februar 1943, Auszug aus der Rundfunkübertragung, DRA-Nr. 2600052.

Aufgaben:

1. Analysieren Sie die Quelle.
2. Ordnen Sie die von Goebbels inhaltlich thematisierten Punkte in den historischen Kontext der verlorenen Schlacht bei Stalingrad ein und beurteilen Sie sie.

3. Analysieren Sie dabei auch Goebbels' Redestrategie.

8.2.2 Erwartungshorizont

Aufgabe 1

Bei der vorliegenden Quelle handelt es sich um einen Auszug aus der 'Sportpalastrede' des damaligen Reichspropagandaministers Joseph Goebbels. Die Beantwortung der W-Fragen ergibt sich aus den Informationen zur Quelle und aus der Quelle selbst:

Autor/Urheber: Joseph Goebbels

Inhalt und Form der Quelle: Rede (Primärquelle)

Ort und Datum: 18. Februar 1943 im Sportpalast in Berlin

Anlass: Militärische Schwierigkeiten und Vorbereitung des „Totalen Kriegs"

Ziel/Intention: Schilderung der Ereignisse in der Deutung von Goebbels und entsprechende Reaktions- und Lösungsvorschläge – Versuch, das deutsche Volk von seinem Standpunkt zu überzeugen

Adressaten: Ausgewählte Parteimitglieder und Frontkämpfer im Sportpalast, durch die Radioübertragung aber auch jeder deutsche Bürger

Da die Quelle recht lang ist, macht es Sinn, eine gröbere Einteilung in Abschnitte vorzunehmen und große Teile der Quelle inhaltlich zusammenzufassen. In diesem Fall ergeben sich daraus vier Abschnitte:

Sinnabschnitt 1 (Z. 1-9): Goebbels geht auf den Beginn des Krieges gegen die Sowjetunion 1941 ein. Er behauptet, dass dieser Kampf kriegsentscheidend sei, und dass, wenn man länger mit dem Angriff auf die Sowjetunion gewartet hätte, die Gefahr der Bolschewisierung Europas beständig gewachsen wäre.

Sinnabschnitt 2 (Z. 10-31): Goebbels spricht davon, dass die Bolschewisierung nur Tarnung für eine von den Juden geplante Weltrevolution sei. Er behauptet, dass die Juden eine bolschewistisch getarnte kapitalistische Tyrannei aufbauen wollen, mit dem Ziel, alle Völker zu versklaven. Stalins Aggressionspolitik sei aus Goebbels' Sicht eine Gefahr für ganz Europa und Russlands Stärke nehme beständig zu.

Sinnabschnitt 3 (Z. 32-51): Goebbels behauptet, das Judentum habe ebenfalls Großbritannien und Amerika bereits infiltriert und unterwandert und tarne sich durch kapitalistische Staatsformen. Die jüdische Vorgehensweise sei es, die „Gastvölker" einzuschläfern und deren Abwehr außer Kraft zu setzen. Laut Goebbels stehen Kapitalismus und Bolschewismus nicht in einem Gegensatz zueinander, sondern seien miteinander im Judentum vereinbar.

Sinnabschnitt 4 (Z. 52-79): Goebbels sagt, dass es Deutschlands Mission sei, Europa mit Waffengewalt zu schützen. Die Deutschen hätten die Stärke der Sowjetunion unterschätzt, da die Verbindung zwischen Bolschewismus und Judentum stärker sei als gedacht. Goebbels sieht den totalen Krieg als einzige Chance, den Krieg zu gewinnen und Deutschlands Untergang zu verhindern. Mitleid und Rücksichtnahme für und auf die anderen Völker wären seiner Meinung nach unangebracht.

Aufgabe 2

Im größeren Kontext verfolgte Goebbels mit der Rede das Ziel, sein eigenes Konzept vom totalen Krieg dazulegen, sich zu dessen Ausführung unentbehrlich zu machen und dadurch zum zweiten Mann nach Hitler an der Spitze des Deutschen Reiches zu werden. Wir wollen uns hier jedoch nur mit den vier bereits genannten Sinnabschnitten befassen, mit denen Goebbels nicht nur den Angriff auf die Sowjetunion rechtfertigt, sondern auch die Vernichtung des Judentums in Europa, den Kampf gegen die Westmächte und einen erbarmungslosen Krieg mit allen Mitteln. Schauen wir uns also den historischen Kontext an, vor dem die Abschnitte zu verstehen sind.

Kontext 1: Der Feldzug gegen die Sowjetunion Goebbels geht zunächst auf den Krieg im Osten ein. Zum einen behauptet er, dass er aus Gründen der vorausschauenden Selbstverteidigung begonnen worden sei, also als Präventivkrieg. Zum anderen sagt er, dass dieser Feldzug der entscheidende des Zweiten Weltkriegs sei.

Zu Punkt eins müssen wir uns sehr knapp mit der Ideologie des Nationalsozialismus, insbesondere mit den Vorstellungen Hitlers, befassen. Dieser hatte bereits in seinem Buch „Mein Kampf" zur Mitte der 1920er-Jahre, und dann noch deutlicher in seinem zweiten, unveröffentlichten Buch 1928, neben dem Antisemitismus und dem Antikommunismus den Kampf um „Lebensraum" zu einem Angelpunkt seines politischen Handelns gemacht. Dieser Lebensraum könne nur im Osten erobert werden, und hierzu müsse die Sowjetunion vernichtet werden. Da für Hitler der Bolschewismus ohnehin mit dem Judentum gleichzusetzen war, konnte er so drei seiner Ziele auf einmal lösen.

Dieses Fernziel seiner Politik hat Hitler bis zu seinem Tod 1945 nie aus den Augen verloren. Vor diesem Hintergrund wird auch der zunächst unverständliche „Hitler-Stalin-Pakt", ein Nicht-Angriffs-Vertrag (23. 8.1939), nachvollziehbar. Zwar widersprach ein solcher Pakt vordergründig der ideologischen Feindschaft von Kommunismus und Nationalsozialismus. Er brachte aber beiden Seiten eine Reihe von Vorteilen: Deutschland konnte zunächst ohne Furcht vor einem Zweifrontenkrieg Polen angreifen und dann gegen die Westmächte kämpfen. Sobald der Rest Europas unter Kontrolle gebracht worden war, wollte man sich gegen die Sowjetunion wenden. Stalin, auf der anderen Seite, konnte durch den Deal nur profitieren. Die UdSSR war 1939 weder wirtschaftlich noch militärisch für einen Krieg gegen Deutschland gerüstet. So konnte er Zeit für eine Auseinandersetzung gewinnen, nebenbei noch sein Territorium vergrößern, und mit etwas Glück schwächten sich Deutschland und die Westmächte so weit, dass sie keine Gefahr mehr für ihn darstellten.

Deutschlands Krieg gegen die Sowjetunion war also im Kern der NS-Ideologie begründet, von langer Hand geplant und wurde nicht durch sowjetisches Handeln ausgelöst. Hier lügt Goebbels. Recht hat her hingegen mit der Bewertung, der Feldzug sei kriegsentscheidend. Deutschland hatte am Ende nicht die Kraft, ihn zu gewinnen, und löste mit dem Angriff am 22.6.1941 den Countdown für die eigene Niederlage aus. Bereits im Dezember 1941 scheiterte der Blitzkrieg vor Moskau. Auch 1942 konnte die Wehrmacht, trotz großer Siege, den Feldzug nicht beenden und überdehnte ihre Kräfte. Kurz vor der Rede hatte im Februar 1943 dann die 6. Armee in Stalingrad kapituliert – ein Symbol für die bereits zuvor erfolgte Kriegswende.

Kontext 2: Das gefährdete Abendland Nachdem Goebbels den Überfall auf die Sowjetunion gerechtfertigt hat, muss er die Fortsetzung des Kampfes ideologisch begründen. Hierzu nutzt der die Verschwörungstheorie von der jüdisch-bolschewistischen Weltherrschaft, welche, sollte sie zum Tragen kommen, zur Vernichtung des deutschen Volkes und der europäischen Kultur führen würde.

Die Behauptung, der Bolschewismus sei eine jüdische Erfindung, geht auf eine Vermischung des im späten 19. Jahrhunderts entstandenen Antisemitismus mit dem Antikommunismus als Reaktion auf die Russischen Revolution 1917 zurück. Nicht nur die Nationalsozialisten hatten diese Verschwörungstheorie immer und immer wieder politisch wiederholt – während der Weimarer Republik war diese Ansicht auch in konservativen und nationalistischen Parteien verbreitet. Mit Beginn der NS-Herrschaft wurde sie dann noch virulenter. Goebbels nutzt also ein Bild, das vielen Deutschen vertraut ist. Gleichzeitig schürt er bewusst die Furcht vor dem, was nach einer Niederlage kommen könnte, sollten die Sowjets Gleiches mit Gleichem vergelten. Auch wenn Sie nach dem Krieg etwas anderes behaupteten – vielen Deutschen war bekannt, unter welchen Bedingungen die Wehrmacht den Vernichtungskrieg im Osten führte und welche Verbrechen dort verübt wurden. Die Möglichkeit der Rache war also sehr real.

Auch der Verweis, dass der Kommunismus im Falle einer deutschen Niederlage nicht an Deutschlands Grenzen halt machen sollte, war nicht aus der Luft gegriffen. Schon im Zuge des Hitler-Stalin-Paktes hatte die UdSSR in den ihr zugefallenen Ländern brutale Regime errichtet und zahlreiche Verbrechen begangen. Nicht zuletzt die Zeit nach 1945 zeigte dann, wie expansiv die UdSSR nicht nur in Europa, sondern weltweit vorging.

Kontext 3: kapitalistische Kommunisten Zu dieser Idee ist nicht viel zu sagen: Für einen Antisemiten wie Goebbels ist alles Jüdische böse und alles Böse jüdisch. Da sich der Nationalsozialismus als Gegenentwurf sowohl zum Kapitalismus als auch zum Kommunismus sah und seit 1941 Westmächte und Sowjetunion verbündet waren, konnte es sich dieser verqueren „Logik" zufolge daher nur um eine jüdische Verschwörung handeln. Tatsächlich existierten „die Juden" als einheitliche Gruppe überhaupt nicht, und weder waren sie für die Bolschewisierung der Sowjetunion verantwortlich, noch hatten sie die Macht in anderen europäischen und außereuropäischen Staaten. Stattdessen waren sie fast überall eine unterdrückte oder zumindest missbilligte Minderheit.

Kontext 4: Der totale Krieg Der Begriff des „Totalen Kriegs" ist deutlich älter als die Sportpalastrede und bezeichnete zu verschiedenen Zeiten unterschiedliche Ansätze der Kriegsführung. Sehr nah an der goebbels'schen Definition war Erich Ludendorff, der uns als Weggefährte Hindenburgs ja bereits in einer der vorherigen Beispielklausuren begegnet ist. Bereits bei ihm bezeichnet der Begriff die vollständige Mobilisierung der Gesamtkräfte eines Staates, um den Gegner zu besiegen.

Bei den Nationalsozialisten wird diese vollständige Mobilisierung aber noch um einen wichtigen Faktor erweitert: das Ziel ist nicht mehr der bloße Sieg, sondern die Vernichtung des Gegners, und zur Erreichung dieses Zieles sind alle Regeln vom Tisch und alle Mittel recht– incl. Völkermord. Denn wenn laut NS-Ideologie hinter allem Bösen die Juden steckten, mussten sie als Feinde Deutschlands ausgerottet werden. Tatsächlich hatten Wehrmacht und Parteiorganisationen (wie die SS oder die Einsatzgruppen) bereits seit Kriegsbeginn, abhängig vom Kriegsschauplatz und auf Basis der NS-Ideologie, unter Missachtung völkerrechtlichen Konventionen gekämpft. Goebbels schwört die Zuhörer in seiner Rede also lediglich auf etwas ein, was 1943 bereits seit Jahren praktiziert wurde. Angesichts der Niederlage in Stalingrad, welche einen Schock in der Bevölkerung auslöste, sollte die Mobilisierung aller Kräfte zum totalen Krieg aber über alles bisher Dagewesene hinausgehen.

Aufgabe 3

Goebbels' Redestrategie:

Goebbels nutzt in seiner Rede eine Reihe von rhetorischen Stilmitteln, von denen wir hier nur die wichtigsten nennen können. Prägnante Worte, die Goebbels besonders wichtig sind, wiederholt er z. B. oft. Dazu zählen Wörter wie 'Bedrohung' oder 'Terrorismus', die er benutzt, wenn er von der Sowjetunion spricht. In Bezug auf Juden verwendet er häufig Begriffe aus der Medizin, wie beispielsweise 'Infektion'. Um den Kapitalismus abzuwerten, benutzt er den Begriff 'Plutokratie', also Herrschaft der Reichen.

Kennzeichnend für die Rede ist außerdem die häufige Verwendung von Superlativen, religiösen Begriffen und Suggestivfragen an das ausgesuchte Publikum.

Die Argumentationsstruktur der Rede beruht jedoch auf nicht belegbaren Scheinargumenten, die, gemessen am historischen Kontext, rational nicht nachvollziehbar, sondern allein aus der NS-Ideologie erklärbar sind.

8.3 Beispielklausur 3

8.3.1 Quelle und Aufgabenstellung

Verlautbarung zum Abschluss der Jalta-Konferenz, die vom 4. bis 11. Februar 1945 auf der Halbinsel Krim tagte.

Die folgende Feststellung über das Ergebnis der Krimkonferenz wird von dem Ministerpräsidenten Großbritanniens, dem Präsidenten der Vereinigten Staaten und dem Vorsitzenden des Rates der Volkskommissare der Union der Sozialistischen Sowjetrepubliken getroffen:

1. Niederwerfung Deutschlands

   Wir haben die militärischen Pläne der drei Alliierten Mächte für die endgültige Niederwerfung des gemeinsamen Feindes erwogen und festgesetzt. Die militärischen Stäbe der drei Alliierten Mächte haben während der ganzen Dauer der Konferenz täglich Zusammenkünfte abgehalten. Diese Zusammenkünfte waren von jedem Gesichtspunkt aus äußerst befriedigend und ergaben eine engere Koordinierung der militärischen Maßnahmen der drei Alliierten als je zuvor.

   Ein voller Austausch von Informationen hat stattgefunden. Zeitliche Folge, Umfang und Koordinierung von neuen und noch kraftvolleren, gegen das Herz Deutschlands von Osten, Westen, Norden und Süden her von unseren Heeres- und Luftstreitkräften zu führenden Schlägen sind in vollem Einvernehmen beschlossen und in allen Einzelheiten geplant worden.

   Unsere zusammengefaßten militärischen Pläne werden erst anläßlich ihrer Ausführung laufend bekanntgegeben werden; wir glauben jedoch, daß die auf dieser Konferenz erreichte außerordentlich enge Zusammenarbeit zwischen den drei

S. 82 Jalta-Konferenz

Stäben zu einer Verkürzung des Krieges führen wird. Zusammenkünfte der drei Stäbe werden auch in Zukunft stattfinden, wenn es die Notwendigkeit ergeben sollte.

Das nationalsozialistische Deutschland ist dem Untergang geweiht. Dem deutschen Volk wird seine Niederlage nur noch teurer zu stehen kommen, wenn es versucht, einen hoffnungslosen Widerstand fortzusetzen.

2. Besetzung und Kontrolle

Wir sind über die gemeinsame Politik und Planlegung zur Durchführung der Bestimmungen der bedingungslosen Kapitulation übereingekommen, die wir gemeinsam dem nationalsozialistischen Deutschland auferlegen werden, nachdem der bewaffnete deutsche Widerstand endgültig gebrochen ist. Diese Bestimmungen werden erst bekanntgegeben werden, wenn die endgültige Niederwerfung Deutschlands vollzogen ist.

Gemäß dem in gegenseitigem Einvernehmen festgelegten Plan werden die Streitkräfte der drei Mächte je eine besondere Zone Deutschlands besetzen. Der Plan sieht eine koordinierte Verwaltung und Kontrolle durch eine Zentralkontrollkommission mit Sitz in Berlin vor, die aus den Oberbefehlshabern der drei Mächte besteht.

Es ist beschlossen worden, daß Frankreich von den drei Mächten aufgefordert werden soll, eine Besatzungszone zu übernehmen und als viertes Mitglied an der Kontrollkommission teilzunehmen, falls es dies wünschen sollte. Die Grenzen der französischen Zone werden von den vier beteiligten Regierungen durch ihre Vertreter bei der Europäischen Beratenden Kommission in gegenseitigem Einvernehmen festgelegt.

Es ist unser unbeugsamer Wille, den deutschen Militarismus und Nationalsozialismus zu zerstören und dafür Sorge zu tragen, daß Deutschland nie wieder imstande ist, den Weltfrieden zu stören. Wir sind entschlossen, alle deutschen Streitkräfte zu entwaffnen und aufzulösen; den deutschen Generalstab, der wiederholt die Wiederaufrichtung des deutschen Militarismus zuwege gebracht hat, für alle Zeiten zu zerschlagen; sämtliche deutschen militärischen Einrichtungen zu entfernen oder zu zerstören; die gesamte deutsche Industrie, die für militärische Produktion benutzt werden könnte, zu beseitigen oder unter Kontrolle zu stellen; alle Kriegsverbrecher vor Gericht zu bringen und einer schnellen Bestrafung zuzuführen sowie eine in gleichem Umfang erfolgende Wiedergutmachung der von den Deutschen verursachten Zerstörungen zu bewirken; die Nationalsozialistische Partei, die nationalsozialistischen Gesetze, Organisationen und Einrichtungen zu beseitigen, alle nationalsozialistischen und militärischen Einflüsse aus den öffentlichen Dienststellen sowie dem kulturellen und wirtschaftlichen Leben des deutschen Volkes auszuschalten und in Übereinstimmung miteinander solche Maßnahmen in Deutschland zu ergreifen, die für den zukünftigen Frieden und die Sicherheit der Welt notwendig sind.

Es ist nicht unsere Absicht, das deutsche Volk zu vernichten, aber nur dann, wenn der Nationalsozialismus und Militarismus ausgerottet sind, wird für die Deutschen Hoffnung auf ein würdiges Leben und einen Platz in der Völkergemeinschaft bestehen.

3. Wiedergutmachung durch Deutschland

   Wir haben die Frage des Schadens, den Deutschland in diesem Krieg den Vereinten Nationen zugefügt hat, erörtert und für Recht befunden, daß Deutschland in größtmöglichem Umfang verpflichtet wird, in gleicher Form Ersatz für den verursachten Schaden zu leisten. Eine Schadenersatz-Kommission wird eingesetzt werden. Diese Kommission wird angewiesen, die Frage des Umfangs und der Art und Weise der Wiedergutmachung des von Deutschland den Alliierten Ländern zugefügten Schadens zu behandeln. Die Kommission wird in Moskau arbeiten. [. . .]

Winston S. Churchill, Franklin D. Roosevelt, V. Stalin

QUELLE: BERICHT ÜBER DIE KONFERENZ VON JALTA (KRIMKONFERENZ) (4.-11. FEBRUAR 1945), AMTSBLATT DES KONTROLLRATS IN DEUTSCHLAND, ERGÄNZUNGSBLATT NR. 1, BERLIN 1946, S. 4-5.

Aufgaben:

1. Analysieren Sie die vorliegende Quelle.
2. Ordnen Sie die Quelle in den historischen Kontext von der Endphase des Zweiten Weltkrieges in Europa 1945 bis zur Gründung der beiden deutschen Staaten 1949 ein.
3. Bewerten Sie die Quelle hinsichtlich Ihres nachhaltigen Erfolgs oder Misserfolgs in Bezug auf die Entwicklung der deutschen Besatzungszonen und der anschließenden Staatsgründungen.

8.3.2 Erwartungshorizont

Aufgabe 1

Hier liegt eine seltenere Form der Quelle vor, nämlich eine Art Ergebnisprotokoll, in dem zukünftige Pläne festgehalten werden. So könnte die Beantwortung der W-Fragen aussehen:

Autor/Urheber: Die Alliierten (die späteren Siegermächte des Zweiten Weltkrieges: Großbritannien, USA, Sowjetunion).

Thema und Form der Quelle: Bericht über die Jalta-Konferenz

Ort und Datum: Tagung auf der Halbinsel Krim vom 4.-11. Februar 1945

Anlass: das wahrscheinliche Kriegsende 1945

Ziel/Intention: Austausch über die Zukunft und Deutschlands nach dem Ende des Zweiten Weltkriegs

Adressaten: alle Menschen

Die Einteilung der Quelle in Sinnabschnitte ist in diesem Fall besonders einfach, da der Text durch themenbezogene Überschriften vorstrukturiert ist. Hier liegen eine kurze Einleitung und drei Hauptthemen vor, folglich ist eine Einteilung in vier Abschnitte sinnvoll:

Abschnitt 1 (Z. 1-4): Im ersten Abschnitt wird die Quelle als Ergebnis einer mehrtägigen Konferenz genannt. Als Hauptverantwortliche für die Konferenz werden der britische Premierminister, der amerikanische Präsident und der Staatsratsvorsitzende der Sowjetunion genannt.

Abschnitt 2 (Z. 5-26): Im zweiten Abschnitt wird die militärische Niederwerfung Deutschlands thematisiert. Die drei Siegermächte beschließen, militärisch eng zusammenzuarbeiten, um ihr Vorgehen gegen Deutschland besser koordinieren zu können. Sie behaupten, dass das Deutsche Reich dem Untergang geweiht sei.

Abschnitt 3 (Z. 27-66): Der dritte Abschnitt knüpft zeitlich gesehen direkt an den zweiten Abschnitt an. Die Siegermächte erarbeiten Pläne, wie es nach der deutschen Niederlage in Deutschland weitergehen soll. Sie fordern eine bedingungslose Kapitulation Deutschlands und wollen das Land in vier Besatzungszonen einteilen, die jeweils unter der Kontrolle einer der Siegermächte sowie Frankreichs stehen sollen. Die Verwaltung der Zonen soll von Berlin aus zentral koordiniert werden. Außerdem soll das deutsche Staatssystem von nationalsozialistischen Einflüssen befreit und das Land entmilitarisiert werden.

Abschnitt 4 (Z. 67-78): Im vierten Abschnitt wird festgelegt, dass Deutschland Wiedergutmachung für die durch den Krieg verursachten Schäden leisten soll. Dazu soll eine Kommission in Moskau eingerichtet werden. Unterschrieben wurde das Dokument von Churchill, Roosevelt und Stalin.

Aufgabe 2

Zeitgeschehen vor der Quelle:

Die Endphase des Krieges ist vor allem von folgenden Ereignisse und Prozessen geprägt:

Datum	**Thema**	**Erläuterung**
November / Dezember 1941	Schlacht um Moskau	Blitzkrieg gegen UdSSR scheitert. Kriegswende.
11.12.1941	Hitler erklärt den USA den Krieg	Reaktion auf japanischen Angriff auf Pearl Harbor. Ausweitung zum Weltkrieg.
Februar 1943	Kapitulation der 6. Armee in Stalingrad	Rote Armee geht in die Offensive.
3. 9.1943	Waffenstillstand von Cassibile	Italien scheidet zunächst aus dem Krieg aus und wechselt dann die Seiten.
6. 6.1944	D-Day: Alliierte Truppen landen in der Normandie	Zwei-Fronten-Krieg.

Deutung der Quelle:

> Zum Zeitpunkt der Konferenz war die deutsche Niederlage bereits absehbar. Vor diesem Hintergrund planen die Alliierten ihr weiteres militärisches Vorgehen und die Zukunft Deutschlands nach dem Krieg. Dabei geht es ihnen nicht um die Vernichtung Deutschlands, sondern um die zeitweilige Besatzung und Verwaltung in Zonen, um durch Entmilitarisierung und Entnazifizierung einen friedlichen Übergang zu garantieren. Anders als nach dem Ersten Weltkrieg soll diesmal also kein eigenständiger deutscher Staat bestehen bleiben.

Zeitgeschehen nach der Quelle:

Beim Zeitgeschehen nach der Quelle sollt ihr besonders hervorheben, dass es, anders als auf den Konferenzen von Jalta und Potsdam geplant, zu keinem einheitlichen Vorgehen, sondern zu einer Spaltung zwischen der Sowjetunion und den Westmächten in Bezug auf die Deutschlandpolitik kam. Daraus resultierte dann die Gründung von zwei deutschen Staaten:

Datum	Thema	Erläuterung
30.4.1945	Selbstmord Hitlers in Berlin	
8.5.1945	Bedingungslose Kapitulation der Wehrmacht	Ende des Zweiten Weltkriegs in Europa.
2.8.1945	Potsdamer Konferenz	Siegermächte beschließen mit den 4 D's (Dezentralisierung, Demokratisierung, Denazifizierung, Demilitarisierung) die Zukunft Deutschlands.
3.4.1948	Marshall-Plan	Programm der USA zum wirtschaftlichen Wiederaufbau Europas.
November / Dezember 1947	Londoner Außenministerkonferenz	Bruch zwischen der Sowjetunion und den Westmächten – kein einheitliches Vorgehen in den Besatzungszonen mehr. **Westmächte:** Plan, Deutschland nach demokratischem Prinzip wiederaufzubauen. **Sowjetunion:** Plan, Deutschland nach sozialistischem Prinzip wiederaufzubauen.
20.6.1948	Währungsreform	Einführung der Deutschen Mark in den westlichen Besatzungszonen.
24.6.1948-12.5.1949	Berlin-Blockade	Sowjetunion sperrt als Reaktion Land- und Wasserverbindungen nach Berlin. Versuch, Berlin in eigenen Machtbereich einzugliedern. Alliierte Versorgung der Bevölkerung durch eine Luftbrücke (Rosinenbomber).

Datum	Thema	Erläuterung
1.7.1948	Übergabe der Frankfurter Dokumente	Gouverneure der Westmächte beauftragen deutsche Ministerpräsidenten, eine Verfassung zu erarbeiten.
23.5.1949	Verkündung des Grundgesetzes	Die Westzonen werden zur Bundesrepublik Deutschland.
7.10.1949	Gründung der Deutschen Demokratischen Republik (DDR)	Spaltung Deutschlands.

Aufgabe 3

Um den Erfolg oder Misserfolg der Pläne insgesamt bewerten (Achtung! nicht: beurteilen) zu können, macht es zunächst Sinn, die Kernziele der Alliierten noch einmal kurz zusammenzufassen:

1. Bedingungslose Kapitulation
2. Einrichtung von vier koordiniert verwalteten Besatzungszonen
3. Zerstörung des deutschen Militarismus und des Nationalsozialismus
4. Entwaffnung
5. Demontage der Kriegsindustrie
6. Bestrafung der Kriegsverbrecher
7. Wiedergutmachung

Diese Punkte lassen sich relativ schnell in einem Sachurteil abarbeiten. Da jedoch mehr von uns verlangt wird, sollten wir noch die Maßstäbe, an denen wir unsere anschließende Bewertung ausrichten wollen, offenlegen, und zwar: Gelingt der Aufbau eines demokratischen, ungefährlichen Deutschlands, welches sich vom Nationalsozialismus gelöst hat und zum Frieden in der Welt beiträgt?

Am 8. bzw. 9. Mai 1945 kapituliert die Wehrmacht bedingungslos; anschließend übernehmen die Alliierten die Macht und richten die vier geplanten Besatzungszonen unter dem Dach des Kontrollrates ein. Dieser verbietet am 10. Oktober 1945 u. a. die NSDAP und alle ihre Gliederungen. Die Entnazifizierung beginnt. Die Deutschen werden entwaffnet, und die Wehrmacht wird am 20. August 1946 aufgelöst. Vor allem in der sowjetischen, aber auch in den Westzonen wird die Schwerindustrie entflochten und demontiert. In den sogenannten Nürnberger Prozessen werden von 1945-1949 zahlreiche Kriegsverbrecher und Beteiligte an NS-Verbrechen abgeurteilt. Bis heute haben sowohl der der deutsche Staat als auch die deutsche Wirtschaft Reparationen, Entschädigungen und Wiedergutmachungszahlungen an andere Staaten, Gruppen und Einzelpersonen gezahlt. Das explizite Ziel der Alliierten, „daß Deutschland nie wieder imstande ist, den Weltfrieden zu stören“, wurde zur Staatsräson der Bundesrepublik und zum Kernprinzip einer Transformation der deutschen Gesellschaft. Soweit zu den Kernzielen.

Auf den ersten Blick scheint es also, dass die Ziele der Konferenz von Jalta nachhaltig erfolgreich umgesetzt werden konnten. Bei näherer Betrachtung ergibt sich jedoch ein differenzierteres Bild.

Kommen wir daher zum Werturteil. Zumindest in den Westzonen konnte sich unter der schützenden Hand der Alliierten ein demokratisches System entwickeln, dessen Grundlage, das Grundgesetz, in diametralem Gegensatz zur NS-Ideologie stand. In der DDR wurde jedoch unter sowjetischer Steuerung eine zweite totalitäre deutsche Diktatur erreichtet, die erst 1989 zusammenbrach.

Zwar konnten die beiden deutschen Staaten durch die Integration in ihre jeweiligen Blöcke davon abgehalten werden, erneut einen großen Krieg auszulösen. Ungefährlich waren sie dadurch jedoch nicht. So unterstützte z. B. die DDR weltweit kommunistische Aufstandsbewegungen und diverse Terrororganisationen, während die Bundesrepublik zu einem der größten Rüstungsexporteure der Welt aufstieg.

Was die NS-Vergangenheit betraf, so hielt eine Mehrheit der Deutschen auch Jahre nach Kriegsende den Nationalsozialismus weiterhin für eine gute Idee, welche nur schlecht umgesetzt worden war. Die Aufarbeitung von Verbrechen und die Entnazifizierung wurden von vielen als Siegerjustiz und Unterdrückung empfunden. Viele Beteiligte wurden außerdem nie zur Rechenschaft gezogen. Stattdessen wurden ehemalige Nationalsozialisten auf allen Ebenen der Gesellschaft deutlich schneller reintegriert, als ihren Opfern Empathie durch die Bevölkerung entgegengebracht wurde. Bereits 1945 kam die Forderung nach einem Schlussstrich auf – eine Forderung, die bis heute erhoben wird. Eine tatsächliche Vergangenheitsbewältigung entwickelte sich erst viele Jahre nach dem Ende des Krieges und war stets von starken Gegenbewegungen begleitet. Teilaspekte der NS-Herrschaft sind bis heute nicht vollständig aufgearbeitet.

Auch die Demilitarisierung hielt nur kurz an. Bereits 1955 wurde mit der Bundeswehr erneut eine deutsche Armee gegründet. In der DDR folgte 1956 die Nationale Volksarmee. Im Kontext des Kalten Krieges standen sich NATO und Warschauer Pakt dann mitten in Deutschland feindlich gegenüber.

Langfristig kann demnach zwar von erreichten Zielen gesprochen werden. Ob dies jedoch tatsächlich aufgrund der Konferenz von Jalta geschah oder nicht eher den Machtkonstellationen des Kalten Krieges zu verdanken ist, muss offen bleiben.

Weitere Informationen zum Nationalsozialismus und zum 2. Weltkrieg findet ihr in der nebenstehenden Video-Playlist:

8.4 Beispielklausur 4

8.4.1 Quelle und Aufgabenstellung

Die vorliegende Bildquelle stammt von dem westdeutschen Karikaturisten Wolfgang Hicks, der damit auf die Situation Europas in der Weltpolitik zwischen 1947 und 1955 eingeht.

ABBILDUNG 8.2: 'EUROPA UND DIE STIERE', QUELLE: HAUS DER DEUTSCHEN GESCHICHTE, EB-NR. 1991/10/500.05841.

Aufgaben:

1. Analysieren Sie die vorliegende Quelle.
2. Ordnen Sie die Quelle in den historischen Kontext ab dem Ende des Zweiten Weltkrieges bis zur Kubakrise 1962 ein.
3. Beurteilen sie vor dem Hintergrund der historischen Ereignisse, ob die Quelle die geschichtlichen Entwicklungen nach dem Zweiten Weltkrieg realitätsgetreu wiedergibt.

8.4.2 Erwartungshorizont

Aufgabe 1

Bei der Analyse der Quelle sollte die Beantwortung der W-Fragen folgendes ergeben:

Autor/Urheber: Wolfgang Hicks (westdeutscher Karikaturist)

Thema und Form der Quelle: Karikatur (Primärquelle);
Titel – 'Europa und die Stiere'

Ort und Datum: Europa 1947-1955

Anlass: Globale Entwicklung und Situation Europas nach dem Zweiten Weltkrieg

Ziel/Intention: Lenkung der gesellschaftlichen Aufmerksamkeit auf Europa

Adressaten: Primär die deutsche Bevölkerung

Bei der Bildbeschreibung solltet ihr auf die folgenden Elemente achten:

Die Karikatur ist in schwarz-weiß gehalten. Zu sehen ist ein grasbewachsener Hügel, auf dem mittig eine Frau sitzt. Sie trägt ein weißes Kleid, Sandalen und zu einem Dutt gebundene Haare. Sie hat eine gekrümmte Haltung eingenommen, die Hände in den Schoß gelegt und schaut seufzend nach unten.

Links und rechts von ihr stehen zwei Stiere, die auf die Frau herunterschauen. Der linke Stier trägt die amerikanische Flagge auf dem Rücken, steht aufrecht und blickt auf die Frau herunter. Der rechte Stier trägt die Flagge der Sowjetunion auf dem Rücken, hält den Kopf leicht gesenkt, blickt grimmig auf die Frau herab und leckt sich die Lippen.

Unter dem Bild steht der handschriftliche Titel „Europa und die Stiere".

Aufgabe 2

Die Aufgabenstellung besagt, dass die Quelle in den historischen Kontext zwischen dem Ende des Zweiten Weltkriegs und der Kubakrise 1962 eingeordnet werden soll. Hier sind besonders zwei Entwicklungsstränge von Bedeutung, nämlich die Verwaltung der Besatzungszonen in Deutschland und das politische Geschehen auf globaler Ebene, das besonders die USA und die Sowjetunion betrifft. Einige der Ereignisse habt ihr schon in der vorherigen Aufgabe kennengelernt.

Zeitgeschehen im Kontext der Quelle:

Datum	Thema	Erläuterung
6.9.1946	„Hoffnungsrede" des US-Außenministers Byrnes	USA stellen Deutschland Wiedererlangung der Souveränität in Aussicht.
12.3.1947	Truman-Doktrin	Beginn der amerikanischen Eindämmungspolitik gegenüber der sowjetischen Expansion.

Datum	Thema	Erläuterung
23.5.1949	Verkündung des Grundgesetzes	Die Westzonen werden zur Bundesrepublik Deutschland.
07.10.1949	Gründung der Deutschen Demokratischen Republik (DDR)	Spaltung Deutschlands.
10.3.1952	Stalin-Noten	Angebot Stalins zur Aufnahme von Verhandlungen über Wiedervereinigung Deutschlands als politisch neutralem Land. Westmächte lehnen Stalins Angebot ab.
9.5.1955	Bundesrepublik tritt der NATO bei	
1955-1969	Hallstein-Doktrin	Grundlage: Alleinvertretungsanspruch der BRD. DDR wird nicht anerkannt, ihre Anerkennung durch andere Staaten soll verhindert werden.
14.5.1955	DDR wird Gründungsmitglied des Warschauer Paktes	
27.11.1958	Berlin-Ultimatum	Sowjetunion fordert von den Westmächten, Berlin den Status einer freien Stadt zuzusprechen – Westmächte lehnen ab.
13.8.1961	Bau der Berliner Mauer	Westberlin wird komplett abgeriegelt und damit von Ostberlin und der DDR getrennt.
1962	Kuba-Krise	Auseinandersetzung um Stationierung sowjetischer Raketen auf Kuba. Höhepunkt des Kalten Krieges. Drohende Gefahr einer atomaren Konfrontation.

Deutung der Quelle:

Die Karikatur stellt die geopolitischen Verhältnisse der Nachkriegszeit sinnbildlich dar. Die abgebildete Frau in der Mitte repräsentiert den Kontinent Europa. Der linke Stier repräsentiert die USA und der rechte Stier die Sowjetunion. Der Karikaturist nimmt sich die Sage der griechischen Mythologie um Europa und den Stier zum Vorbild. In der Sage verliebt sich Zeus in die Königstochter Europa. Er verwandelt sich in einen Stier, damit seine Gattin Hera ihn nicht erkennt, und entführt Europa. Der Kontinent, auf den er sie bringt, wird später nach ihr benannt.

Während der Blick des amerikanischen Stiers auf eine wohlwollende Haltung gegenüber Europa hindeuten kann, stehen der grimmige Blick und das Lippenlecken des sowjetischen Stiers für die Intention, nach den osteuropäischen Staaten auch noch den Rest Europas in den kommunistischen Machtbereich eingliedern zu wollen. Europa selbst blickt resigniert nach vorne, was dafür steht, dass es dem Kontinent selbst nicht möglich ist, an den Plänen und Entscheidungen über seine Zukunft teilzuhaben.

Aufgabe 3

Ziel einer Karikatur ist, wie ihr bereits im Theorieteil dieses Heftes gelernt habt, niemals eine wahrheitsgetreue Abbildung von Ereignissen, Prozessen, Strukturen oder Personen. Sie stellt Dinge nicht realitätsgetreu, sondern verzerrt und überzogen dar. Karikaturen nehmen also eine bestimmte Position ein und enthalten somit immer eine Wertung, welche auch ihrem Betrachter vermittelt werden soll. Somit kann Frage 3 eigentlich direkt verneint werden. Darauf will euer Lehrer in diesem Fall aber natürlich gar nicht hinaus. Ihm geht es darum, dass ihr darlegt, ob die Kernaussagen der Karikatur auf historischen Fakten beruhen. Dies lässt sich schon besser überprüfen, und die Basis dafür kann eure bereits verfasste Darstellung des historischen Kontextes sein.

Die Quelle verweist sehr treffend auf die Anfänge des Kalten Krieges und die Position Europas, das dem Kräftemessen zweier sich gegenseitig ausschließender, um weltweite Dominanz konkurrierender politischer Systeme beinahe schutzlos ausgeliefert war. Wie ihr bereits dargelegt habt, standen sich NATO und Warschauer Pakt mitten in Europa feindlich gegenüber, ohne dass die Europäer die Macht gehabt hätten, an dieser Situation etwas zu ändern. Gleichzeitig war durch die Expansionspolitik Stalins sehr deutlich geworden, dass ihn nur eine Eindämmungspolitik seitens der Westmächte von einer Ausdehnung auf den Rest Europas abhalten konnte. Dies hatte sich bereits 1941 im Iran gezeigt und wiederholte sich nach 1945 in Griechenland, der Türkei und später im Mittleren Osten (z. B. Ägypten), in Südostasien (z. B. Korea, Vietnam) und Afrika (z. B. Angola). Die Situation sollte sich erst mit dem Ende des Kalten Krieges und dem Zusammenbruch der Sowjetunion 1990/91 ändern.

8.5 Beispielklausur 5

8.5.1 Quelle und Aufgabenstellung

Der vorliegende Ausschnitt aus einem Zeitungsartikel erschien am 01. Oktober 2015 in der Süddeutschen Zeitung anlässlich des 25-jährigen Jubiläums der Wiedervereinigung Deutschlands.

Deutschland, eine Erfolgsgeschichte

Als die deutsche Einheit kam, blickte besonders der Westen skeptisch auf den neuen Giganten in Europas Mitte. Mancher faselte vom „Vierten Reich". 25 Jahre später ist dieses Deutschland liberaler, reifer, freundlicher als je zuvor. [...]

Deutschland ist ein Land, in dem es an einem nie mangeln wird: an Pessimismus. Viele Deutsche wissen ganz genau, was alles schiefgehen kann. Zu der habituellen Befürchtung, dass kaum etwas klappen wird, gehört die entschiedene Haltung, dass dann, wenn tatsächlich etwas nicht klappt, man es ja schon immer gesagt hat. So war und ist das auch mit der Einheit.

Nicht wenige Deutsche in Ost und West gehören zur großen Gruppe derer, die nicht nur vieles wissen, sondern auch vieles schon immer besser gewusst haben. Und die Schuldigen, die jede Misere verursacht haben, sind auch bekannt. Sie werden oft mit dem bestimmten Artikel „diepauschalisiert: Schuld also, dass alles so kommt, wie man es schon immer gesagt hat, sind „diePolitiker, „die"Banker, „dieMMedien, „die"Gewerkschaften - oder auch „die"Wessis respektive „dieÖssis. Und dazu passt, dass in kaum einem anderen Land so ernst genommen wird, was „dasÄusland über einen sagt.

Trotz alledem und alledem, wie es in einem Märzlied von Ferdinand Freiligrath hieß, trotz Missmut und Nörgelei: Die deutsche Einheit ist eine Erfolgsgeschichte. In einem Vierteljahrhundert ist aus zwei Antagonisten ein Staat, mehr noch: wieder ein Land geworden. Es gibt noch viele Unterschiede und etliche Ungleichheiten. Bedenkt man aber, wie ungleich die Verhältnisse, der Grad der Freiheit, der individuelle Lebensstandard, die realistischen Erwartungen an die Zukunft und vieles mehr waren, so ist es bemerkenswert, dass es jetzt bereits eine Generation junger Erwachsener gibt, bei deren Geburt DDR und BRD nicht mehr existierten. Das sind die neuen Deutschen, die sich mit ihrem Heimatland viel weniger schwer tun als die beiden Generationen vor ihnen. Vieles an der Einheit war schwierig, manches sehr schwierig, und jene Euphorie, die es am Anfang der neuen Beziehung gab, verflog rasch. Das ist kein Wunder, denn in keiner Beziehung überlebt die Euphorie des Anfangs, the heat of the moment.

Der neue, alte Gigant in Europas Mitte schürt Ängste. Deutschland wurde 1990 deutlich größer. Eine „Wieder"vereinigung all dessen, was vor 1937 Deutschland war, war es dennoch nicht. Zu Polen, Russland und Tschechien gehören als Folge des von den Deutschen angezettelten Krieges ehemals deutsche Gebiete; sie sind und bleiben Teile jener Staaten, die sich Deutschland hatte einverleiben oder kolonisieren wollen. (Der

Verzicht auf diese Gebiete war eine wichtige Voraussetzung für die Einheit.) Und dennoch entstand, 45 Jahre nach der Zerschlagung des bösen Deutschlands, durch die Verschmelzung der beiden Teilstaaten Bundesrepublik und DDR in der Mitte Europas wieder ein Deutschland, das wohlmeinende und weniger wohlmeinende Nachbarn und Anrainer auch skeptisch stimmte. [...]

Zu der historisch bedingten Skepsis gegenüber Deutschland gesellten sich dann noch sehr konkrete Befürchtungen. Bis 1989 war das nur teilsouveräne Westdeutschland trotz seiner ökonomischen Macht in Nato und EU politisch wenn nicht gefesselt, so doch sediert, ruhig gestellt. Jahrzehntelang zitierte man in Brüssel gerne das Bonmot des ersten Generalsekretärs der Nato, des britischen Barons Ismay, der den Zweck des Bündnisses so beschrieb: „Keep the Russians out, the Americans in, and the Germans down."[...]

Historisch gesehen war die Teilung Deutschlands die Folge davon, dass es im 20. Jahrhundert zweimal, um eine Formulierung Fritz Fischers zu benutzen, nach der Weltmacht gegriffen hat. Das hat sich erledigt. Im 21. Jahrhundert gibt es kaum ein Land in Europa, in dem so viele Menschen den Abschied vom Nationalstaat alter Prägung für richtig halten - auch wenn mancher Pegidist und mancher Lodenjanker-Träger dabei den Untergang des Abendlandes wittert. Trotz alledem und alledem: Deutschland ist 25 Jahre nach der Einheit reifer und weltoffener geworden.

Quelle: Kister, Kurt, Deutschland, eine Erfolgsgeschichte, SZ vom 1.10.2015.

Aufgaben:

1. Analysieren Sie die vorliegende Quelle.
2. Ordnen Sie die Quelle in den historischen Kontext der Entwicklungsgeschichte der Bundesrepublik und der DDR ein.
3. Bewerten Sie die Quelle hinsichtlich ihrer Perspektive auf die Geschehnisse von 1990 und beziehen Sie Stellung zu den vom Autor thematisierten Ängsten anderer Staaten, die durch die Wiedervereinigung hervorgerufen worden sind.

8.5.2 Erwartungshorizont

Aufgabe 1

Die Beantwortung der W-Fragen ergibt folgendes:

Autor/Urheber: Süddeutsche Zeitung/ Kurt Kister

Thema und Form der Quelle: Ausschnitt aus einem Zeitungsartikel mit dem Titel – Deutschland, eine Erfolgsgeschichte

Ort und Datum: 1. Oktober 2015 in der Süddeutschen Zeitung

Anlass: 25-jähriges Jubiläum der deutschen Wiedervereinigung

Ziel/Intention: Bewertung der Wiedervereinigung Deutschlands als Erfolgsgeschichte

Adressaten: deutschsprachige Leserschaft

Da es sich bei der Quelle nur um einen Ausschnitt aus einem Zeitungsartikel handelt, ist es schwieriger, ihn in Sinnabschnitte einzuteilen. Wir wollen es mit den folgenden versuchen:

Abschnitt 1 (Z. 1-16): Im ersten Abschnitt unterstellt der Autor der deutschen Bevölkerung eine pessimistische Denkweise. Diese interpretiert er als Resultat der deutschen Vergangenheit. Ebenso seien die Deutschen ein Volk von Besserwissern, das Dinge gut pauschalisieren und bei der Suche nach den Verursachern von Fehlern immer die Schuldigen bestimmen könne. Auch die Meinung des Auslandes über Deutschland sei den Deutschen sehr wichtig.

Abschnitt 2 (Z. 17-29): Im Gegensatz zur Definition der deutschen Grundhaltung stellt der Autor die 25-jährige Geschichte der deutschen Wiedervereinigung als Erfolgsgeschichte dar. Das begründet er historisch, indem er sich auf die Entwicklungsgeschichte der Bundesrepublik und der DDR bezieht und die unterschiedlichen Grade an Freiheit, Lebensstandards und Zukunftserwartungen thematisiert. Die Wiedervereinigung sei ein schwieriger Prozess mit vielen Problemen gewesen, aber sie habe funktioniert.

Abschnitt 3 (Z. 30-47): Im dritten Abschnitt schreibt der Autor, dass die deutsche Wiedervereinigung nur eine Vereinigung der Staatsgebiete von Bundesrepublik und DDR war. Gebiete, die vor 1937 ebenfalls zu Deutschland gehört hatten, seien in den Händen anderer Staaten geblieben. Ausländische Staaten haben der Wiedervereinigung Deutschlands nicht nur wohlwollend gegenübergestanden. Skepsis sei sowohl aufgrund der historischen Schuld Deutschlands als auch aufgrund seiner nun stärkeren politischen Macht in der NATO entstanden.

Abschnitt 4 (Z. 48-55): Im vierten Abschnitt schreibt der Autor davon, dass der Großteil der deutschen Bevölkerung sich von nationalstaatlichen Gedanken verabschiedet habe. 25 Jahre nach der Wiedervereinigung sei Deutschland reifer und weltoffener.

Aufgabe 2

Die Einordnung in den historischen Kontext sollte auch hier chronologisch erfolgen. Da es sich bei dem Zeitungsartikel um eine Quelle aus der näheren Vergangenheit handelt, entfällt die Einordnung in den Kontext des Zeitgeschehens nach der Quelle.

Zeitgeschehen vor der Quelle:

Datum	Thema	Erläuterung
23.5.1949	Verkündung des Grundgesetzes	Die Westzonen werden zur Bundesrepublik Deutschland (BRD).
7.10.1949	Gründung der DDR	Die sowjetische Besatzungszone wird zur Deutschen Demokratischen Republik. Spaltung Deutschlands.
29.9.1950	Beitritt der DDR zum Rat für gegenseitige Wirtschaftshilfe	Gegenorganisation der UdSSR zum Marshall-Plan.

Datum	Thema	Erläuterung
17.6.1953	Volksaufstand in der DDR	Beginnt als Demonstration gegen schlechte Arbeitsbedingungen. Vom sowjetischen Militär mit Gewalt niedergeschlagen. Reaktion der BRD: Der 17.6.1953 wird zum Nationalfeiertag.
23.10.1954	Gründung der Westeuropäischen Union	Kollektiver militärischer Beistandspakt unter Einschluss Frankreichs, der Bundesrepublik, Großbritanniens, Italiens und der Beneluxstaaten.
9.5.1955	Bundesrepublik tritt der NATO bei	
14.5.1955	DDR wird Gründungsmitglied des Warschauer Paktes	
1955-1969	Hallstein-Doktrin	Grundlage: Alleinvertretungsanspruch der BRD. DDR wird nicht anerkannt, ihre Anerkennung durch andere Staaten soll verhindert werden.
25.3.1957	Gründung der Europäischen Wirtschaftsgemeinschaft (EWG)	Vorläufergemeinschaft der heutigen EU.
13.8.1961	Bau der Berliner Mauer	Westberlin wird komplett abgeriegelt und damit von Ostberlin und der DDR getrennt. Begründung: Bau eines „antifaschistischen Schutzwalls". Eigentlicher Grund: Eindämmung der Fluchtbewegung von DDR-Bürgern in die BRD.
21.6.1968	Niederschlagung des „Prager Frühlings“	Gewaltsame Niederschlagung von Reformbemühungen in der Tschechoslowakei durch Truppen des Warschauer Paktes. DDR unterstützt Vorgehen, BRD kritisiert.
21.11.1971	Grundlagenvertrag zwischen BRD und DDR	Abkehr von der Hallstein-Doktrin. U. a. Entwicklung gutnachbarlicher Beziehungen, Austausch von ständigen Vertretern, Gewaltverzicht.
18.9.1973	Beide deutschen Staaten werden Mitglieder der UNO	
1.8.1975	Unterzeichnung der KSZE- Schlussakte	Beide deutsche Staaten garantieren die Achtung der Menschenrechte. Die DDR kann die Bevölkerung ohne Repression jedoch nicht kontrollieren.
1980er	Verschärfter Rüstungswettlauf	US-Ziel: Wirtschaft der UdSSR durch Aufrüstung zu überfordern und in die Knie zu zwingen.

Datum	**Thema**	**Erläuterung**
1983	BRD gewährt der DDR zwei Milliardenkredite.	Gegenleistung: Diverse Erleichterungen, u. a. Deinstallation der Selbstschussanlagen an der Grenze.
1985/1986	Glasnost und Perestroika	Der neue KPdSU-Generalsekretär Gorbatschow leitet eine vorsichtige Öffnung und Demokratisierung der UdSSR ein.
September 1989	Montags-demonstrationen in Leipzig	Teilnehmerzahl steigt in der Folge bis auf 500.000 DDR-Bürger an.
9.11.1989	Öffnung der Mauer	
28.11.1989	10-Punkte-Programm	Bundeskanzler Kohl legt Stufenplan zur Wiedervereinigung vor.
12.9.1990	Vertrag über die abschließende Regelung in Bezug auf Deutschland (2+4-Vertrag)	Beteiligte: Großbritannien, Frankreich, USA, Sowjetunion, BRD, DDR. Regelt die Wiedervereinigung Deutschlands. Tritt an Stelle eines Friedensvertrags. Deutschland erhält als Staat die volle Souveränität. Ende der Nachkriegszeit
3.10.1990	Wiedervereinigung nach Artikel 23 des Grundgesetzes	Beitritt der DDR zur Bundesrepublik.

Deutung der Quelle:

Der Autor argumentiert für die Wiedervereinigung Deutschlands und wertet ihren 25-jährigen Bestand als Erfolgsgeschichte.

Dabei beschönigt er die deutsche Geschichte aus historischer Sicht nicht, sondern räumt ein, dass die Skepsis, die ausländische Staaten der Wiedervereinigung aufgrund der deutschen Schuld an zwei Weltkriegen entgegengebracht haben, teilweise berechtigt sei. Er betont jedoch auch, dass die Wiedervereinigung entgegen dieser Skepsis aus dem Ausland und dem von diesem unterstellten Risiko, dass das wiedervereinigte Deutschland seine neue politische Macht missbrauchen könnte, gut funktioniert habe. Er schreibt von einem weltoffeneren Deutschland, das nationalstaatliches Gedankengut größtenteils abgelegt habe und damit vielen anderen Staaten bereits gedanklich voraus sei. Diese Entwicklung nutzt er als Argument, um die Deutschland entgegengebrachte Skepsis zu entkräften.

Der Autor thematisiert jedoch auch ein starkes Ungleichgewicht, das anfänglich zwischen den Bürgern der alten Bundesrepublik und der DDR geherrscht habe. Damit bezieht er sich auf die Differenzen in Bezug auf Lebensqualität, Freiheiten und Chancen. Indirekt sind damit die Folgen der wirtschaftlichen Systeme der sozialen Marktwirtschaft und des Sozialismus gemeint. Die soziale Marktwirtschaft bot den Bundesbürgern einen deutlich höheren Standard an Lebensqualität. Dieses Ungleichgewicht habe im Prozess der Wiedervereinigung zu Komplikationen geführt, welche laut Aussage des Autors jedoch mittlerweile überwunden seien.

Aufgabe 3

Auch bei dieser Quelle ist es wieder ratsam, zunächst noch einmal die Kernargumente des Autors aufzuzählen, um sie dann mit den historischen Fakten abzugleichen. Was genau schreibt er also?

1. Es existieren noch viele Unterschiede und Ungleichheiten, die auf der Situation vor 1990 basieren.
2. Eine neue Generation Deutscher hat ein unverkrampftes Verhältnis zu ihrem Heimatland.
3. Deutschland ist reif und weltoffen.
4. Die Bundesrepublik war von 1949-1990 „sediert".
5. Die Wiedervereinigung wurde vom Ausland skeptisch, teilweise mit Sorgen betrachtet.

Da die Aufgabe außerdem eine Bewertung fordert, müssen wir die Maßstäbe, auf denen eine solche basieren soll, offenlegen. Als Grundlage sollen daher die Fragen dienen, ob die Ursache für die Unterschiede und Ungleichheiten im politischen System der DDR zu suchen sind, die Folgen als Resultat einer von Ostdeutschen als „Siegerjustiz" empfundenen Behandlung durch den Westen verstanden werden können und negative Aspekte des neuen Patriotismus vor allem In Ostdeutschland zu finden sind.

Befassen wir uns also zunächst mit den innenpolitischen Folgen der Wiedervereinigung und arbeiten die Punkte ab.

Als die DDR 1990 der Bundesrepublik beitrat, lag ihr Lebensstandard deutlich unter dem Westdeutschlands. Die jahrzehntelange sozialistische Misswirtschaft der SED hatte das Land ruiniert. Die Industrieanlagen waren veraltet, die Umweltstandards unzureichend und das Land faktisch zahlungsunfähig. Zudem war die DDR außenwirtschaftlich in ein System eingebunden gewesen, dass in den anderen Ländern des Ostblocks zu vergleichbaren Folgen geführt hatte.

Gleichzeitig waren auch die politischen Mentalitätsunterschiede groß. Politik und Bildung hatten in der DDR den Westen, die Demokratie und die Marktwirtschaft verteufelt, auch wenn die Propaganda natürlich nur eine begrenzte Wirkung gehabt hatte. Wichtig war zudem, dass es in der DDR niemals eine intensive, offene Auseinandersetzung mit den NS-Verbrechen und –Verbrechern gegeben hatte. Da man sich explizit auf den Widerstandsmythos der KPD bezog, waren die Nazis immer die anderen. Eine Auseinandersetzung mit den gesellschaftlichen Gründen für Rassismus und Fremdenhass fand nicht statt. Nur so ließ sich z. B. eine antisemitische Politik gegenüber Israel „antikolonialistisch" verbrämen und eine Abschottung und Kasernierung ausländischer Gastarbeiter von der eigenen Bevölkerung rechtfertigen.

Dies hatte natürlich Folgen über das Jahr 1990 hinaus. Die marode Industrie und die sozialistischen Wirtschaftsstrukturen konnten nicht über Nacht modernisiert werden. Auch eine leistungsorientierte, kapitalistische Arbeitsorganisation musste sich unter den jahrzehntelang anders sozialisierten Ostdeutschen erst noch durchsetzen. Zwar führten die Währungsunion und die Investitionen des reichen Westens zunächst zu einem Aufschwung, dieser hielt jedoch nicht lange an. Selbst heute existiert daher noch ein Lohngefälle zwischen Ost und West. Dieser ist noch immer eine Spätfolge der DDR.

Auch politisch verlief der Übergang von einem totalitären Unrechtsstaat in eine freiheitliche Demokratie selbstverständlich nicht reibungslos. Unter der Herrschaft der SED war es der Partei und der Staatssicherheit noch gelungen, politische Exzesse weitgehend zu unterdrücken. Ohne diese Kontrolle hingegen brachen viele Dämme; die Pogrome in Rostock-Lichtenhagen und der Aufschwung der ostdeutschen Neonazi-Szene mit ihren „national befreiten Zonen" waren der Anfang einer bis heute andauernden Entwicklung. So verwundert es vor diesem Hintergrund nicht, dass eine offen nationalsozialistisches Vokabular benutzende völkische Partei wie die AfD in Sachsen stärkste politische Kraft ist – bei einem Ausländeranteil von 2,8 %. Katalysator hierfür war die Flüchtlingskrise seit 2015, in deren Zuge Hunderttausende unkontrolliert ins Land kamen. Der Aufstieg von PEGIDA, auf den auch der Autor des Textes Bezug nimmt, vollzog sich im Osten und konnte im Westen nie Fuß fassen. Wie bereits die Klage über die raffgierigen „Wessis" in den 1990er-Jahren liegen die aktuellen Klagen darüber, „die da oben" würden sich um die Ausländer kümmern, aber nicht um die Ostdeutschen, in einer Mentalität der empfundenen Benachteiligung begründet.

Hierin liegt auch die Problematik, ein unverkrampftes Verhältnis einer neuen deutschen Generation zu ihrem Heimatland zu diagnostizieren. Es mag sein, dass sich dieses Verhältnis z. B. 2006 während der WM in einem fröhlichen Fußballpatriotismus und einem ausgelassenen schwarz-rot-goldenen Fahnenmeer zeigte. Dem gegenüber stehen nach wie vor aggressiver Fremdenhass, die Terrorserie des NSU und Massenaufmärsche in Berlin, auf denen „Jude, Jude, feiges Schwein, komm heraus und kämpf allein" skandiert wird. Es stellt sich daher die Frage, ob ein unverkrampftes Verhältnis zu einem Land, das für Zwei Weltkriege und den Holocaust verantwortlich ist, überhaupt möglich sein kann – oder erwünscht.

Diese Entwicklungen lassen auch die Befürchtungen des Auslandes im Zuge der Wiedervereinigung nicht völlig abwegig erscheinen. Tatsächlich überwog bereits während des Zweiten Weltkriegs und in den ersten Jahren danach die Sorge der Kriegsgegner, die Fehler der Friedensordnung nach dem Ersten Weltkrieg zu wiederholen. Dadurch sind Ziele wie die bedingungslose Kapitulation, die Zerschlagung des Staates und die Einrichtung der Besatzungszonen zu erklären. Hatte man nach 1918 noch von Eingriffen in die Gesellschaftsordnung des besiegten Gegners abgesehen, so sah man nach 1945 die fehlende Demokratisierung in Weimar als Kernaspekt des Aufstiegs der NSDAP mit all ihren Folgen für die Welt an. Daher entschieden sich die Sieger, eine Entnazifizierung und Entmilitarisierung des Staates durchzuführen. Gleichzeitig waren sie sich der Wichtigkeit der Wirtschaftsentwicklung für das Scheitern der ersten Nachkriegsordnung bewusst und entschieden sich aus diesem Grund dazu, Deutschland in ein umfassendes Wiederaufbauprogramm einzubinden, anstatt es, wie nach 1918, mit utopischen Reparationen zu belegen.

Ein wichtiger Grund hierfür mag auch der Machtverlust Frankreichs aufgrund seiner Niederlage 1940 gewesen sein. Die USA und die Sowjetunion hatten die Hauptlast des Krieges getragen, und sie entschieden daher auch hauptsächlich, wie die Welt nach 1945 aussehen sollte. Westdeutschland und die westdeutsche Gesellschaft profitierten ab den 1950er Jahren aber nicht nur vom militärischen Schutz durch die USA, sondern auch vom wirtschaftlichen Aufstieg. Gleichzeitig machte das machtpolitische Gewicht der beiden Supermächte jeden Gedanken an eine Wiederholung der Zwischenkriegszeit utopisch. Und nicht zuletzt hatte die Mehrheit der Deutschen durch den Krieg im eigenen Land so stark gelitten, dass kein Bedürfnis für eine Revanche bestand. Man richtete sich in seiner Situation ein, und alle profitierten davon. Deutschland wurde also sediert, sedierte sich aber auch selbst.

Die Bundesrepublik wuchs in den folgenden 40 Jahren erneut zu einem wirtschaftlich mächtigen Staat heran, vermied es jedoch, sich an der Weltpolitik übermäßig zu beteiligen. Militärische Abenteuer, die sowohl Frankreich, Großbritannien, die UdSSR und die USA teils bewusst begannen, teils nicht vermeiden konnten, waren für die Bundesrepublik undenkbar. Mit der Zeit ebbte daher die

Skepsis der anderen Staaten ab und ihre Furcht vor Deutschland ließ nach. Dennoch waren es 1990 vor allem Großbritannien und Frankreich, die einer Wiedervereinigung skeptisch gegenüberstanden. Insbesondere in Frankreich hatte man die Invasionen 1914 und 1940 und das Leid, dass sie über Land und Bevölkerung gebracht hatten, nicht vergessen. Daher musste die deutsche Außenpolitik Überstunden leisten, um die Skeptiker zu besänftigen und konnte dabei, nicht ohne Berechtigung, auf die „Bewährungszeit" seit 1945 verweisen. Nach der Wiedervereinigung setze Deutschland diese erprobte Politik zunächst weiter fort. 1991 kaufte es sich aus der Beteiligung an dem von der UN sanktionierten Zweiten Golfkrieg frei. Diese Politik konnte jedoch nicht lange durchgehalten werden. Bereits 1999 beteiligte sich die Bundeswehr an der Bombardierung des Kosovo und schickte in den frühen 2000er-Jahren Koalitionstruppen nach Afghanistan. Heute sind deutsche Truppen in Afrika, Asien, dem Mittleren Osten und Europa stationiert und versuchen so, in Kooperation mit anderen Staaten, ihren Teil zur Sicherung des Friedens beizutragen. Die Skepsis der ehemaligen Alliierten hat sich bislang nicht bewahrheitet. Dennoch bleibt Deutschland, z. B. durch seine Weigerung, 2003 die USA und Großbritannien gegen den Irak zu unterstützen, oder die Enthaltung bei der Libyen-Resolution des UN-Sicherheitsrates 2011 für die ehemaligen Westmächte ein Unsicherheitsfaktor.